W0233627

Homo erectus
Neandertaler
Homo sapiens

Die Deutsche Bibliothek – CIP-Einheitsaufnahme

Hellmiß, Margot:
Urmenschen / von Margot Hellmiß.
Ill. von Hans G. Schellenberger.
1. Aufl. – Bindlach: Loewe, 1993
(FRAG MICH WAS; Bd. 11)
ISBN 3-7855-2574-5

FRAG MICH WAS – Band 11

ISBN 3-7855-2574-5 – 1. Auflage 1993
© 1993 by Loewes Verlag, Bindlach
Umschlagillustration: Hans G. Schellenberger
Redaktionelle Mitarbeit: Falk Scheithauer
Umschlagtypographie: Karin Roder
Satz: Voro, Rödental

FRAG MICH WAS

Urmenschen

Von Margot Hellmiß

Redaktionelle Mitarbeit: Falk Scheithauer

Illustriert von Hans G. Schellenberger

Loewe

Inhalt

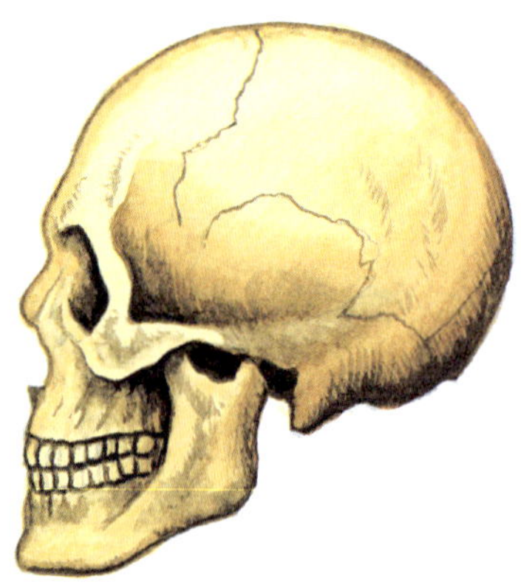

Die Neandertaler

Die Cro-Magnon-Menschen

Am Ende der Steinzeit

Die geheimnisvolle Herkunft des Menschen

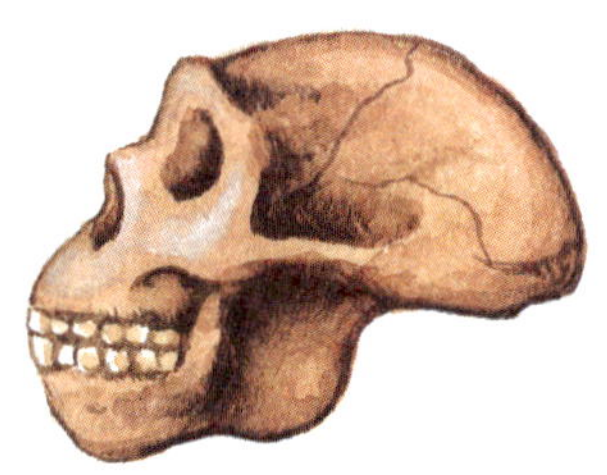

Wann lebten die Urmenschen? Wir wissen, daß die allerersten menschlichen Lebewesen bereits vor 10 bis 14 Millionen Jahren auf der Erde lebten. Das waren noch affenähnliche Geschöpfe, die sich auf den ersten Blick kaum von *Gorillas* oder *Schimpansen* unterschieden. Ihre größte Leistung bestand darin, daß sie einen Schlag mit einem Stein ausführen konnten.

Es vergingen viele Millionen Jahre, bis aus solchen „Affenmenschen" Menschen geworden waren, die Werkzeuge vernünftig gebrauchen, Feuer entfachen und Wild erlegen konnten. Da diese Menschen ihre Messer, Schaber, Hämmer, Speerspitzen und andere Werkzeuge aus Stein anfertigten, nennt man die Zeit, in der sie lebten, die *Steinzeit*. Sie begann vor etwa zwei Millionen Jahren. Die Steinzeitmenschen waren Jäger und Sammler. Erst gegen Ende der Steinzeit lernten die Menschen auch, Ackerbau und Viehzucht zu betreiben.

Die Steinzeit ging zu Ende, seit vor ungefähr 5000 Jahren die *Bronze* verwendet wurde. Werkzeuge aus diesem Metall lösten nun die Steinwerkzeuge ab. Etwa zur selben Zeit entstanden auch die ersten größeren Städte, und die Wissenschaftler sagen, daß damit unsere *Zivilisation* geboren war. Das Wort Zivilisation kommt von lateinisch „civis", das heißt „Städter".

Der Beginn der Zivilisation wird häufig auch mit der Erfindung der Schrift gleichgestellt. Vor etwa 5000 Jahren wurden in Nordafrika die ersten Schriftzeichen, die *Hieroglyphen* („heilige Einmeißelungen"), entwickelt. Von da ab konnten Erkenntnisse festgehalten und ständig erweitert werden.

Der Ramapithecus war nicht größer als ein Gibbon-Affe.

Alle Menschen und menschenähnlichen Geschöpfe, die vor der Zivilisation gelebt haben, bezeichnet man als Urmenschen. Das ist ein Sammelbegriff für ganz unterschiedliche Menschenarten und Menschenrassen, die in den verschiedenen Epochen vor unserer Zeit lebten.

War der erste Urmensch ein Affe?
Im Jahre 1931 machten Forscher in Nordindien eine erstaunliche Entdeckung. Sie gruben einen Oberkieferknochen mit einigen Zähnen aus. Das Knochenstück war fest in 10 bis 14 Millionen Jahre alte Gesteinsschichten eingebettet. Daher mußte es genauso alt sein wie die Steine, an die 14 Millionen Jahre.

Anfangs dachten die Forscher, der Fund müßte von einem urzeitlichen *Affen* stammen. Doch ein amerikanischer Student kam schließlich der Wahrheit auf die Spur. Er sah als erster, daß die Schneidezähne und Eckzähne im Oberkiefer viel kürzer waren, als sie bei jedem Affen sind. Und die Form des Kieferknochens war eindeutig so wie bei einem Menschen.

Das war eine Sensation. Erstmals erfuhr die Menschheit etwas von ihren ältesten Vorfahren. In den folgenden Jahrzehnten tauchten dann immer neue Spuren auf. In Griechenland und Ungarn, in Pakistan, China, Ostafrika und in der Türkei wurden genauso alte Überreste von Urmenschen gefunden.

Zu Ehren des indischen Gottes Rama nennt man diesen Urmenschentyp *Ramapithecus*. Dabei heißt das griechische Wort „Pithekos" eigentlich Affe. Es gibt auch heute noch einige Wissenschaftler, die glauben, daß die Ramapithecinen nur hochentwickelte Affen waren und keine Menschen, sozusagen eine Übergangsform zwischen Affe und Mensch. Nach

Die Steinzeitmenschen stellten Steinwerkzeuge her und waren heutigen Menschen schon ähnlicher als die ersten Urmenschen.

Meinung dieser Wissenschaftler ist der erste Mensch erst sehr viel später zur Welt gekommen und gehört zur Gruppe der *Australopithecinen* („Südweltaffen").

Doch ab wann in der langen Entwicklungsgeschichte der Menschheit von ersten „echten Menschen" gesprochen werden kann, wird wohl nie genau geklärt werden, weil der Übergang vom Tier zum Menschen so unvorstellbar langsam vonstatten ging.

Mittlerweile weiß man auch, daß die Ramapithecinen nicht nur ein anderes Gebiß hatten als die Affen, sondern auch ein viel flacheres Gesicht. Zudem verrät die Oberfläche ihrer Backenzähne, daß sie wahrscheinlich harte Wurzeln und Samen verspeisten.

Man hat auch herausgefunden, wie zur Zeit dieser Urmenschen das Klima war. Es wurde damals immer heißer und trokkener. Mehr und mehr Wälder verdorrten, Grassteppen breiteten sich aus. Vermutlich waren die ersten Urmenschen deshalb gezwungen, ihren früheren Lebensraum, den Wald und die Bäume, aufzugeben. In der Ebene aber war es für sie von Vorteil, wenn sie nicht mehr auf allen vieren, sondern aufrecht gingen. So konnten sie weitere Strecken überblicken und hatten die Hände frei zum Sammeln, Tragen oder Kämpfen. Wahrscheinlich entwickelte sich so der Gang auf zwei Beinen. Ob sie aber wirklich schon ganz aufrecht gingen, hat bis heute noch kein Forscher eindeutig klären können.

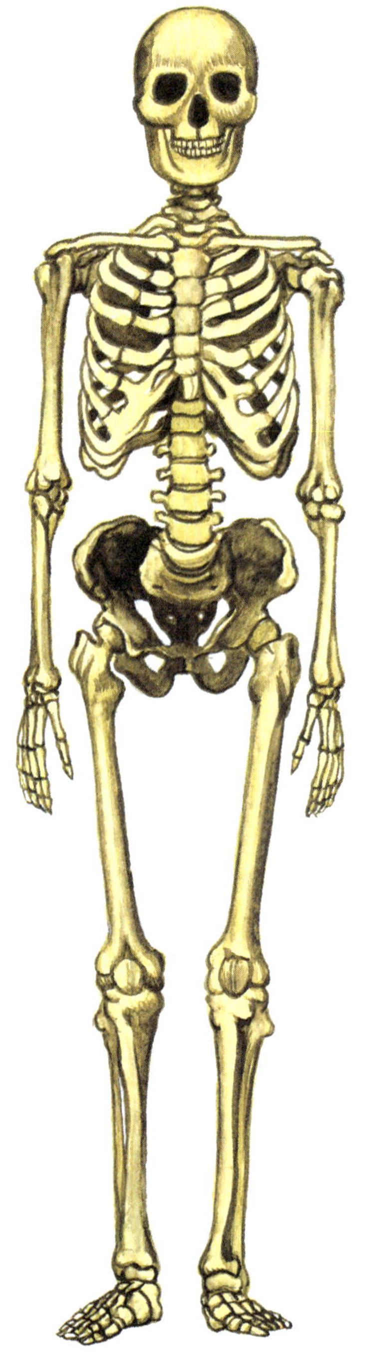

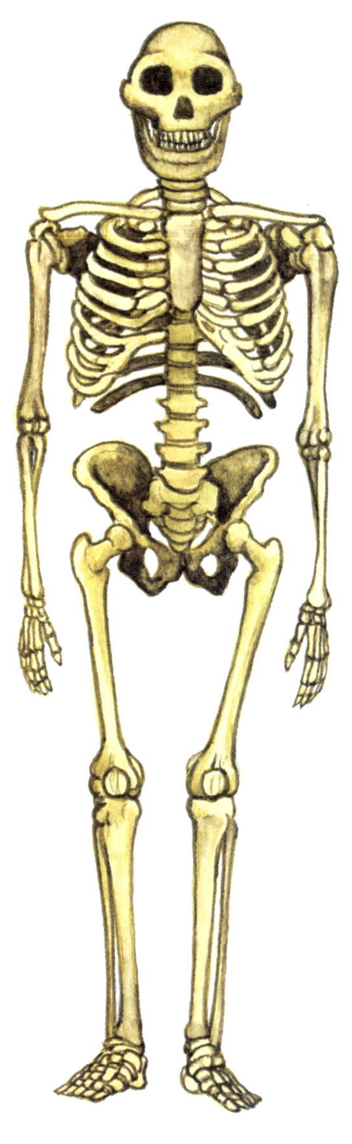

Wie lebten die ersten Urmenschen?

Leider wissen wir vom Leben der Ramapithecinen, der frühesten Urmenschen, nur sehr wenig. Bei den Funden handelt es sich fast ausschließlich um kleine Kieferknochenstücke, die nicht allzuviel verraten. Nur in *Fort Ternan* in *Kenia* fand *Louis Leakey* 1967 auch einen Stein, der neben dem Kieferknochen eines Ramapithecus lag. Das Besondere an diesem Stein ist, daß schon vor 14 Millionen Jahren jemand damit gearbeitet hat. Möglicherweise zersplitterte der Urmensch mit dem Stein einen Tierknochen, der ebenfalls am Fundort lag.

Doch was genau die frühesten Urmenschen machten, darüber kann man nur Vermutungen anstellen. Denkbar ist, daß sich ihre Lebensweise nicht sehr von der der Affen unterschied. Schimpansen verbergen sich nachts auf den Bäumen, um vor Raubtieren sicher zu sein. Die ersten Urmenschen, die nur so groß wie *Gibbon-Affen* waren, verbrachten ihre Nächte vielleicht ebenfalls in luftiger Höhe. Erst am Tage wären sie dann zur Nahrungssuche heruntergekommen.

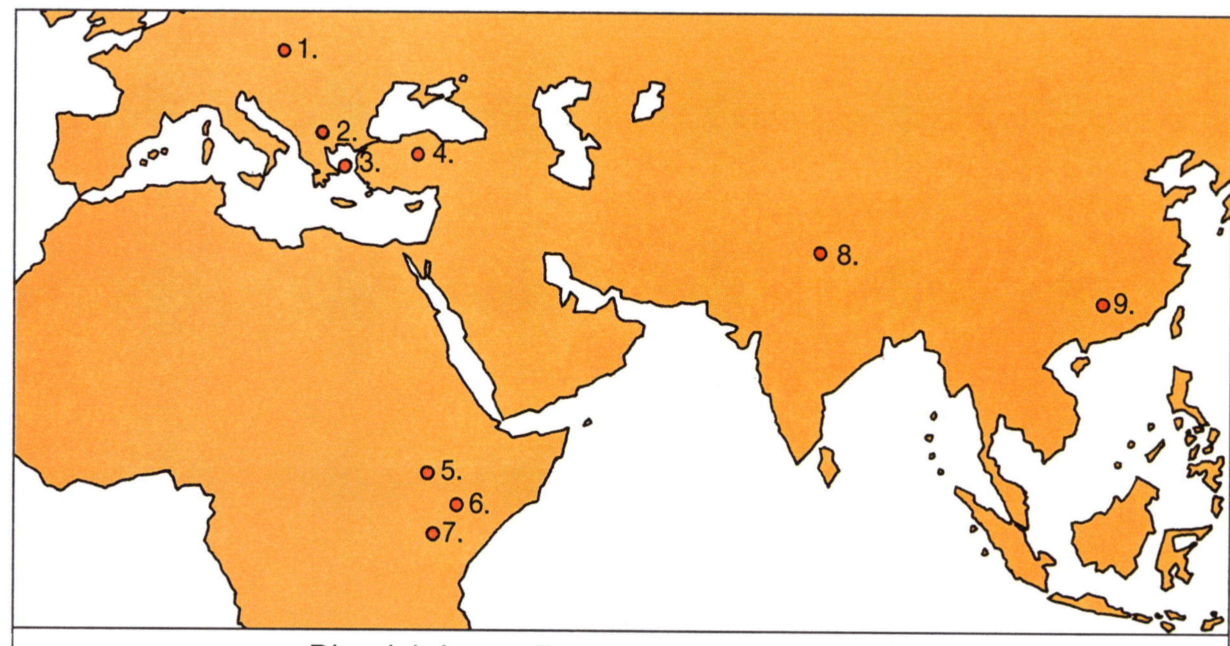

Die wichtigsten Ramapithecinen-Fundorte:

1. Rudabanya (Ungarn)
2. Pyrgos (Griechenland)
3. Regenschlucht (Griechenland)
4. Candir (Türkei)
5. Lothagam (Kenia)
6. Kanapoi (Kenia)
7. Fort Ternan (Kenia)
8. Siwalik-Berge (Indien)
9. Provinz Kwangsi (China)

Bei den Ausgrabungsarbeiten hörten die Forscher ein Beatles-Lied und kamen so auf den Namen Lucy.

Wer war Lucy? „Lucy in the sky with diamonds . . .", dröhnt es aus dem Lautsprecher des Kofferradios. Im Programm wird gerade das bekannte Lied der Beatles gesendet. Die Musik versüßt den Urzeitforschern *Ives Coppens, Donald Johanson* und *Maurice Taieb* die harte Arbeit. In der glühenden Hitze *Äthiopiens* in Ostafrika graben sie nach menschlichen Überresten aus längst vergangenen Zeiten.

Und sie werden fündig. Im Jahre 1974 schaffen sie 52 Skelettknochen ans Tageslicht, die schon 3,5 Millionen Jahre im Erdreich verborgen lagen. Sie stammen von einem Urmenschen, den die Forscher nach dem Beatleslied im Radio „Lucy" nennen.

Dieser Name paßt sehr gut, denn Lucy war wirklich ein weibliches Wesen. Die gefundenen Beckenknochen beweisen das. An ihren Kniegelenken kann man außerdem erkennen, daß Lucy schon fast aufrecht ging.

Im ostafrikanischen *Tansania* entdekken Forscher gleichzeitig Fußspuren, die in 3,5 Millionen Jahre alter Asphaltasche eingegraben sind. Die Abdrücke zeigen, daß Lucys Verwandte Plattfüße und leicht gekrümmte Zehen hatten.

Lucy gilt als eine der frühesten Australopithecinen. So nennt man bestimmte Urmenschen, die vor einer bis fünf Millionen Jahren gelebt haben. Es gibt verschiedene Arten von Australopithecinen: kleinere Urmenschen, die wie Schimpansen nur etwas mehr als einen Meter groß wurden, und größere, die schon 1,5 Meter maßen.

Im Gegensatz zu den heutigen Menschen hatten die Australopithecinen ziemlich lange Arme und ein kleineres Gehirn. Ihr Gehirnvolumen umfaßte 400 bis 500 Kubikzentimeter (cm^3). Es war damit nur so groß wie das Gehirn von *Menschenaffen*. Das Gehirn eines heutigen Menschen umfaßt immerhin 1400 Kubikzentimeter.

Trotz dieser affenähnlichen Merkmale glauben die Wissenschaftler, daß alle heutigen Menschen von den Australopithecinen abstammen. Höchstwahrscheinlich stammen die Australopithecinen ihrerseits von den früheren Ramapithecinen ab. Genau geklärt ist die Abstammung allerdings nicht. Zwischen den 8 bis 14 Millionen Jahre alten Funden von Ramapithecinen und den höchstens 4 bis 5 Millionen Jahre alten Spuren von Australopithecinen gibt es kaum Funde, die irgendwelche Schlüsse zulassen.

Was in den drei Millionen Jahren zwischen den jüngsten Funden von Ramapithecinen und den ältesten Funden von Australopithecinen mit der Menschheitsentwicklung passierte, wissen die Wissenschaftler noch nicht.

13

Die Familie der Australopithecinen

Australopithecus afarensis: Nach dem Fundort Afar in Äthiopien benannt. Bekannt als „Lucy". Wahrscheinlicher Vorfahre der anderen Australopithecinen und von uns Menschen. Größe etwa 1,2 Meter; Gewicht 25 bis 30 Kilogramm.

Australopithecus africanus: Funde in Südafrika und Ostafrika. Möglicherweise verwendete der Australopithecus africanus schon einfache Knochen- und Steinwerkzeuge und ging auf die Jagd. Größe etwa 1,3 Meter; Gewicht 30 Kilogramm. Vor einer Million Jahren ausgestorben.

Australopithecus boisei: Benannt nach Charles Boise, der bedeutende Expeditionen in Ostafrika finanzierte. Wahrscheinlich eine Nebenlinie in der menschlichen Entwicklung. Größe etwa 1,5 Meter; Gewicht 50 Kilogramm. Vor einer Million Jahren ausgestorben.

Australopithecus robustus: Wegen seiner Größe, seiner gewaltigen Stirnknochen und seiner besonders starken Kaumuskeln „robust" genannt. Funde in Südafrika. Größe 1,6 Meter; Gewicht 50 bis 60 Kilogramm. Der Australopithecus robustus ist ebenfalls vor einer Million Jahren ausgestorben.

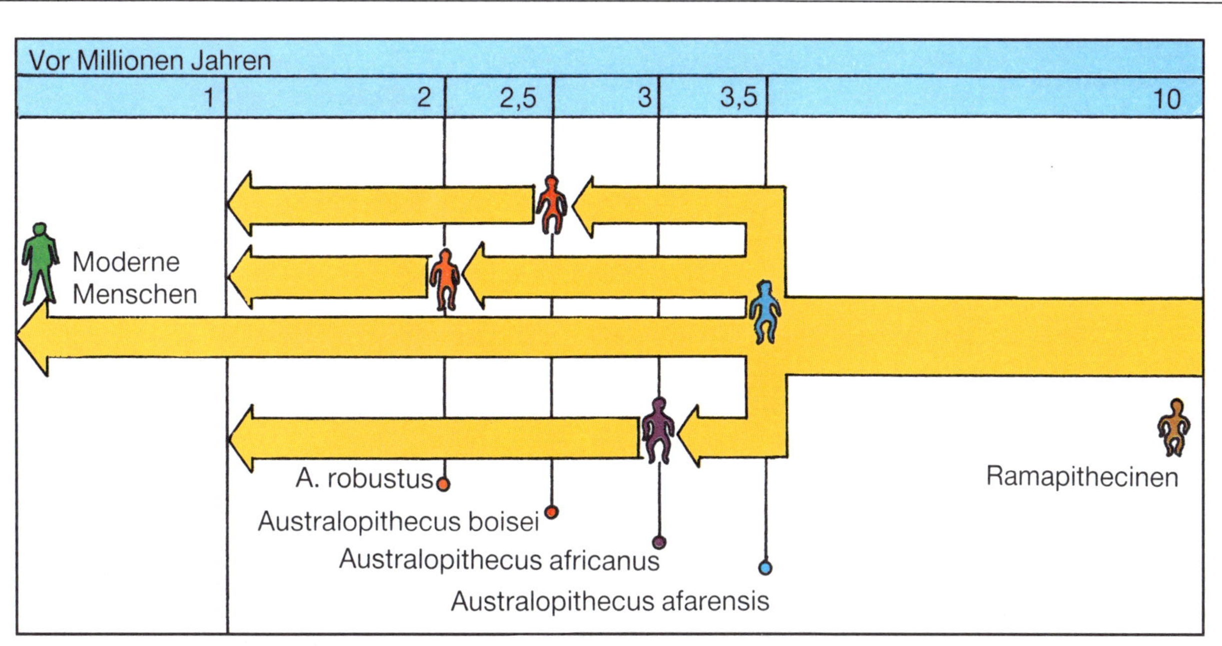

Australopithecus
boisei

Australopithecus
robustus

Wie haben sich die Menschen entwickelt? Vor unendlich langer Zeit, vor 220 Millionen Jahren, begann die Herrschaft der *Dinosaurier* auf Erden. Die schrecklichen Echsen waren die am höchsten entwickelten Tiere ihrer Zeit. Insgesamt währte die Regentschaft der Dinosaurier 165 Millionen Jahre lang. Menschen gab es damals noch nicht. Doch im Schatten der Urreptilien wuchs bereits eine neue Art von Lebewesen heran, die die Welt einst noch viel perfekter beherrschen würde, als die Dinosaurier es vermochten. Das waren die *Säugetiere*, zu denen auch wir Menschen gehören.

Eines der ersten Säugetiere war einer Spitzmaus ähnlich und heißt *Megazostrodon*. Es legte zwar noch Eier wie die Reptilien. Aber es säugte seine Jungen schon, wie echte Säugetiere es tun.

Vor 65 Millionen Jahren starben die Dinosaurier aus. Kein Mensch weiß, war-

Der Plesiadapis, der erste Primat, war so groß wie ein Biber.

Das Megazostrodon, eines der ersten Säugetiere, war etwa 10 cm lang.

um. Doch die Säugetiere, die Nachkommen des Megazostrodon, lebten weiter. Unter ihnen waren die Vorfahren der heutigen Hunde, Katzen, Pferde, Elefanten und aller anderen Säugetiere. Warum sie dem Artensterben in jener Zeit entgingen, ist ungeklärt.

Eines der Säugetiere hatte ein größeres Gehirn als die anderen. Es konnte mit den Händen gut greifen und richtete sich auf. Es war *Plesiadapis*, der erste *Primat*. Das Wort Primat kommt von lateinisch „primus", „der Erste". Primaten sind die höchstentwickelten Lebewesen auf unserer Welt. Zu den Primaten gehören heute wir Menschen, die Menschenaffen, die Affen und die Halbaffen.

Vor 25 bis 30 Millionen Jahren gab es einen Primaten, von dem wir Menschen und die Menschenaffen direkt abstammen. Dieser Urahne trägt den Namen

Aegyptopithecus. Überreste von ihm hat man in Ägypten entdeckt. Er ist der Stammvater der Gorillas, Schimpansen und *Orang-Utans*, also der drei Menschenaffenarten, und der Menschen. Entwicklungsgeschichtlich könnte man die Menschenaffen somit als entfernte Geschwister von uns Menschen bezeichnen.

Nach Aegyptopithecus haben sich Menschen und Menschenaffen recht unterschiedlich weiterentwickelt. Einerseits gab es die Ramapithecinen, die ersten Urmenschen. Und andererseits bildete sich der Vorfahre der Menschenaffen heraus.

Das war *Proconsul*, ein urzeitlicher Menschenaffe. Seine Ähnlichkeit mit Ramapithecus, seinem „Bruder", ist unverkennbar. Vor Jahren waren sich die Wissenschaftler sogar sicher, daß Proconsul in direkter Linie Vorfahre des Ramapithecus sei.

22 und 16 Millionen Jahre alte Funde hat man von Proconsul in Afrika gemacht. Seine Größe schwankte zwischen der eines *Pavians* und der eines Gorillas. Seinen Namen trägt er zu Ehren eines Schimpansen, der jahrelang im Londoner Zoo gelebt hat. Der Schimpanse hieß Consul.

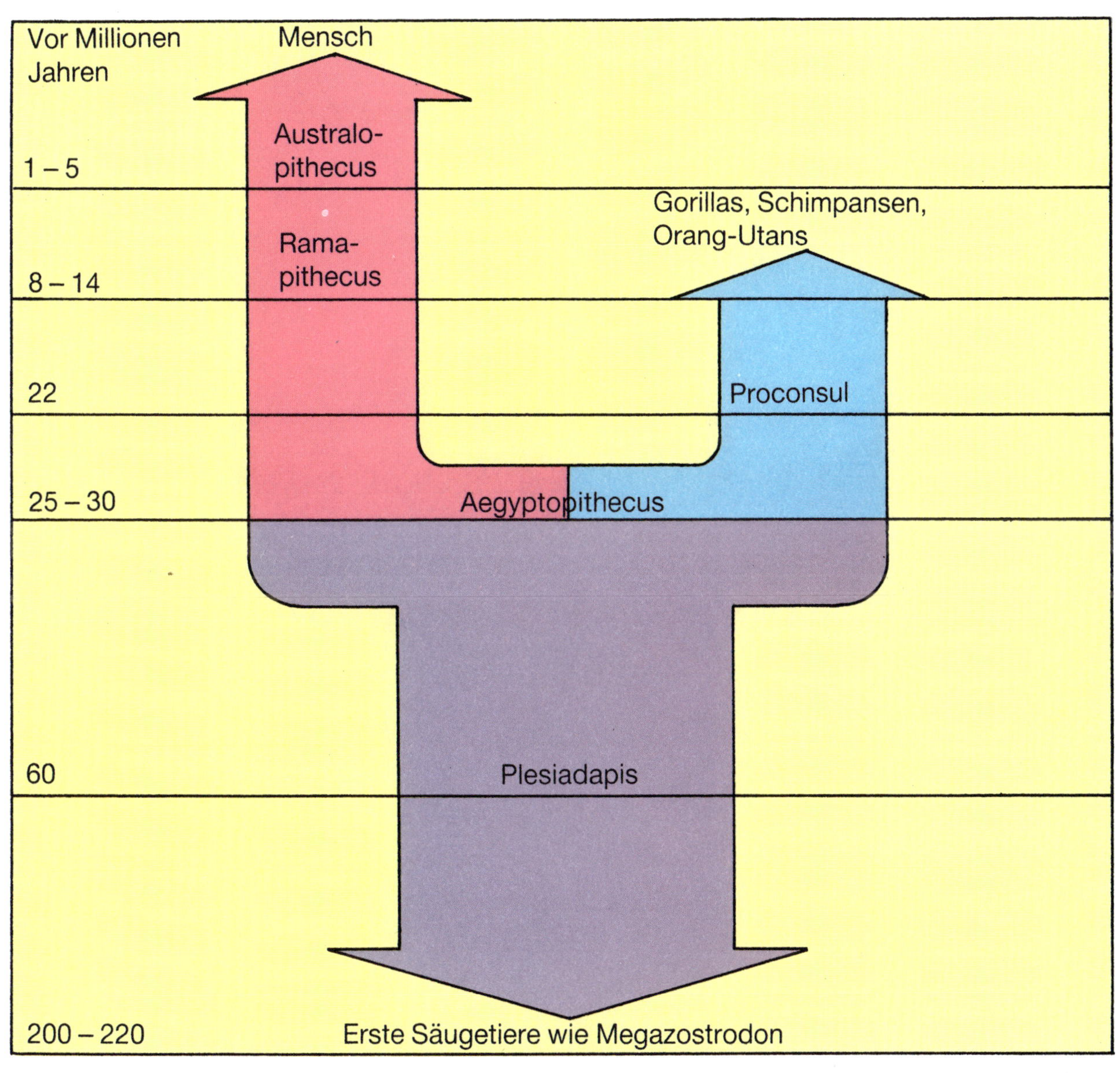

Die Entwicklung von den ersten Säugetieren bis zu Menschenaffen und Menschen

Vor 2 Millionen
Jahren mußten die
Urmenschen noch
mit Stöcken und
Steinen gegen den
Säbelzahntiger
kämpfen.

Welchen Feind hatten die frühen Urmenschen?

Ein mächtiger Säbelzahntiger schleicht durch das Unterholz. Seine Reißzähne blinken wie Dolche, wenn die Sonne darauf fällt. Pfeilgerade steuert er auf den Baum zu, unter dem einige Urmenschen Rast gemacht haben.

Doch da fliegen ihm schon die ersten Steine und Stöcke um die Ohren. Mit voller Kraft schleudern die Urmenschen sie nach dem schrecklichen Raubtier. Ein Steinbrocken trifft den Säbelzahntiger am Kopf. Seine Stirn blutet, er wendet sich ab und verschwindet im Gebüsch.

Solche Szenen haben sich zur Zeit der frühen Urmenschen sicher häufig abgespielt, denn Raubtiere waren die gefährlichsten Feinde. Wissenschaftler haben in Südafrika Skelette von Australopithecinen ausgegraben, die darauf hindeuten, daß diese Urmenschen häufig das Opfer von Raubtieren geworden sind. Am meisten jedoch wurden sie von den Säbelzahntigern bedroht. Diese gefräßigen Raubkatzen der Urzeit lebten zur selben Zeit wie die frühen Urmenschen. Erst vor etwa einer Million Jahren sind die meisten Arten ausgestorben.

Alle Säbelzahntiger hatten lange, dolchartige, nach hinten gekrümmte Eckzähne im Oberkiefer, mit denen sie ihre Beute schlugen. Sie töteten ihre Opfer, indem sie ihnen tiefe Wunden ins Fleisch rissen und warteten, bis sie schließlich verbluteten. Heutige Raubkatzen brechen ihren Opfern mit einem Nackenbiß das Genick.

Zu den frühen Säbelzahntigern zählte das *Megantereon*. Diese Raubkatze lebte schon vor 3,5 Millionen Jahren in Südafrika. Sie wurde 1,20 Meter lang. Das *Homotherium*, eine andere Säbelzahntigerart, überlebte in Europa sogar bis vor 14 000 Jahren und jagte vor allem Mammuts.

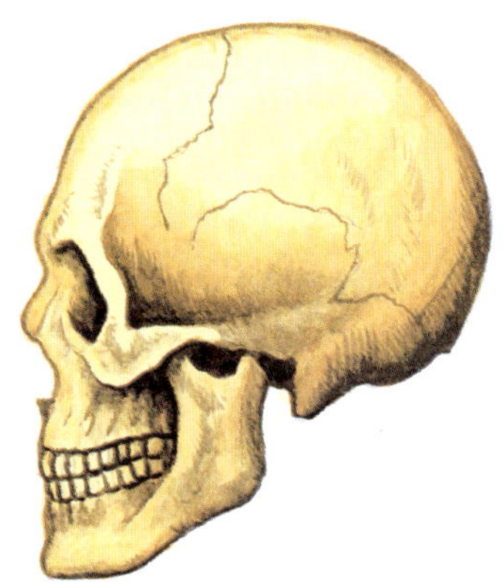

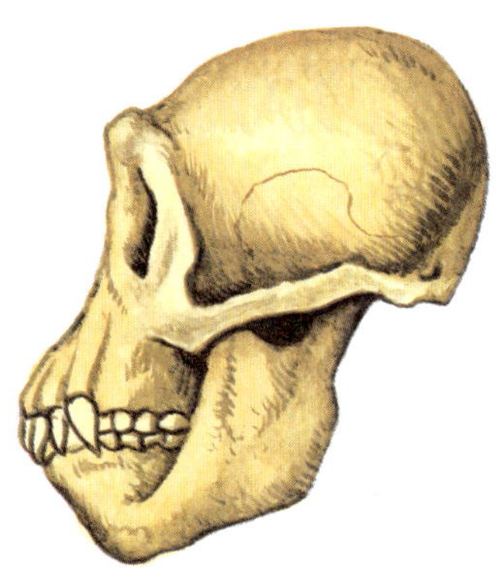

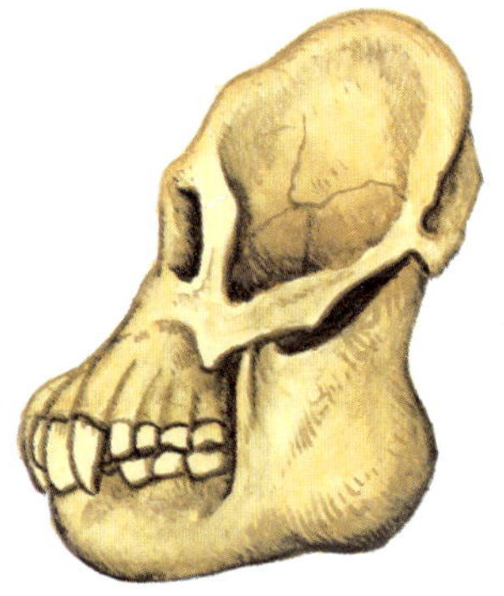

Der menschliche Schädel (oben) weist mehr Platz auf für das Gehirn als der Schädel eines Orang-Utans (Mitte) oder eines Gorillas (unten). Die Zähne des Menschen sind wesentlich kleiner als die der Menschenaffen.

Was unterschied den Menschen vom Affen?

Die Unterscheidung zwischen Mensch und Affe ist schwierig, wenn man zurück in die Urzeit blickt. Wir können zur Beantwortung der Frage ja nur Skelettfunde oder sogar nur einzelne Knochen heranziehen. Doch auch an diesen Knochen läßt sich vieles erkennen.

Mit den Schädelknochen kann man die Größe des Gehirns ermitteln. Und die Gehirngröße wiederum ist ausschlaggebend für den Verstand. Schädelvergleiche zwischen menschlichen Gehirnen und den Gehirnen von Menschenaffen haben ergeben, daß beim menschlichen Gehirn besonders die vorderen Bereiche und die hinteren stark vergrößert sind. Die vorderen Bereiche sind für das Lernen und Denken und die hinteren für das Sehen verantwortlich.

Auch andere Spuren sagen viel über den Verstand der Urmenschen aus. Anhand versteinerter Überreste kann man Aussagen darüber machen, wie die Urmenschen lebten: ob sie in Gruppen lebten, arbeiteten und jagten, ob sie Werkzeuge benutzten oder ihre Toten feierlich begruben. Das alles sind Tätigkeiten, zu denen Verstand nötig ist.

In erster Linie zeichnet sich also der Mensch durch seinen Verstand aus. Mit Hilfe des Verstandes hat er Wissenschaft, Technik und Kultur geschaffen und sich dadurch ein angenehmeres Leben auf Erden ermöglicht. Kein Affe oder sonst irgendein Tier hat das geschafft.

Im Körperbau unterscheidet sich der Mensch vergleichsweise wenig vom Affen. Gorillas haben die gleiche Anzahl von Knochen und Muskeln wie die Menschen, der menschliche Körperbau hat sich aber zunehmend dem aufrechten Gang angepaßt. Die große Zehe wurde kleiner, die Beine wurden länger und die Arme kürzer. Die Wirbelsäule ist unten, wo sie am meisten zu tragen hat, am dicksten. An den Beckenknochen sind Ansatzstellen für starke Muskeln entstanden, die dem Menschen helfen zu stehen.

Die menschliche Hand hat sich zu einem feingliedrigen Instrument entwickelt. Der Daumen von Menschenaffen ist kurz und kraftlos. Im Unterschied dazu ist der menschliche Daumen lang und stark. Wir können fest damit zupacken oder auch behutsam etwas aufgreifen, indem wir es zwischen Daumen und Fingerspitze nehmen.

Auch an seinem Gebiß kann man den Menschen erkennen. Gerade einen der frühesten Urmenschen, Ramapithecus, konnten Forscher anhand der Oberfläche der Backenzähne und an der Größe von Schneide- und Eckzähnen einordnen. Sie waren kleiner als bei den Menschenaffen. Die brauchten große Eckzähne, um sich zu verteidigen und um harte Stengelkost zu schälen. Dazu hat der Mensch zunehmend seine Hände eingesetzt. Die starken Eckzähne und großen Schneidezähne wurden deshalb immer kleiner.

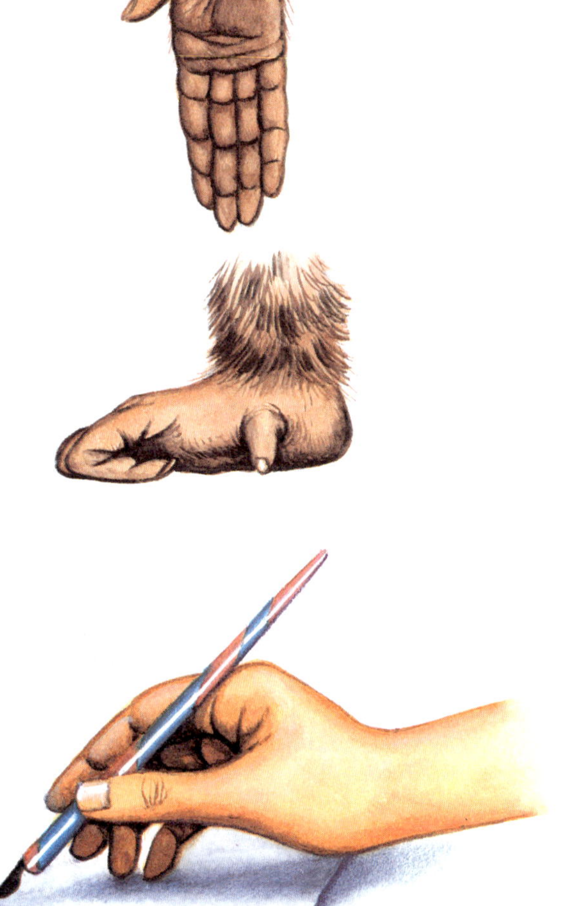

Die ersten Handwerker und Feuermacher

Warum wurde die erste Hütte gebaut? Unbarmherzig fegt der Sandsturm über die dürre afrikanische Steppe. Der Wind treibt dichte Sandwolken heran. Eine kleine Horde Urmenschen kämpft sich durch die Graslandschaft und sucht nach einer geschützten Stelle. Schließlich kauern sich die Urmenschen in eine flache Mulde. Doch auch da finden sie kaum Schutz vor dem beißenden Wind.

Da springt einer auf, rafft zwei Büsche zusammen und umwindet sie mit einem biegsamen Ast. Auch die anderen Urmenschen brechen Zweige und Äste von den umstehenden Sträuchern und flechten sie zu beiden Seiten der Büsche ein. Auf diese Weise ist eine kleine Wand zum Schutz vor dem Wind entstanden. Die Urmenschen schichten am Fuß der Büsche noch Steine auf. Jetzt können sie sich getrost hinter der Schutzwand nie-

Die erste Wand einer Hütte ist wohl dadurch entstanden, daß der Homo habilis wie hier Büsche zum Schutz vor einem Sturm zusammengesteckt hat.

derlassen und das Ende des Sturmes abwarten.

Wahrscheinlich ist die erste Wand einer Hütte auf solch zufällige Weise entstanden. Bestimmt war ein unangenehmes Naturereignis, ein Sturm, ein starker Regenguß oder auch sengende Hitze, der Grund für die Urmenschen, sich Schutzbauten zu errichten.

Die ältesten Spuren eines Hüttenbaus sind 1,8 Millionen Jahre alt. 1971 haben Wissenschaftler in Tansania in der *Oldoway-Schlucht* einen Steinkreis mit 16 Quadratmeter Innenfläche entdeckt. Es handelte sich dabei um die Überreste eines Mäuerchens, das vermutlich eine Rundhütte aus Zweigen und Ästen umsäumt.

Wer errichtete die erste Hütte?

Vor 1,5 bis 2 Millionen Jahren begannen die Urmenschen mit einfachen handwerklichen Arbeiten. Sie bauten primitive Hütten und fertigten einfache Steinwerkzeuge an. Das bedeutete einen gewaltigen Sprung in der menschlichen Entwicklung. Von den Australopithecinen, die schon vor über 3,5 Millionen Jahren auf der Welt waren, hat man außer einem Schlagstein keine vergleichbaren Spuren gefunden.

Die späteren, handwerklich begabteren Urmenschen waren schon wesentlich intelligenter als ihre affenähnlichen Vorfahren. Man nennt diese Menschengattung daher *Homo habilis*. Das Wort kommt aus dem Lateinischen und heißt „der geschickte Mensch".

Die Gehirnmasse eines Homo habilis betrug an die 800 Kubikzentimeter. Das war fast doppelt soviel wie beim Australopithecus. Das Gesicht des Homo habilis war schmaler, die Arme kürzer und die Daumen kräftiger. Die Fußknochen zeigten schon die Zehen eines echten Zweibeiners, der aufrecht ging. Insgesamt ähnelte der Homo habilis dem heutigen Menschen wesentlich mehr als der Australopithecus. Allerdings war der Homo habilis noch recht klein. Selbst ein Erwachsener war nicht größer als bei uns ein Kind. Seine Größe betrug etwa 1,20 bis 1,40 Meter.

Das Gehirn wurde immer größer: vom Australopithecus afarensis über den Homo habilis bis zum heutigen Menschen (von links).

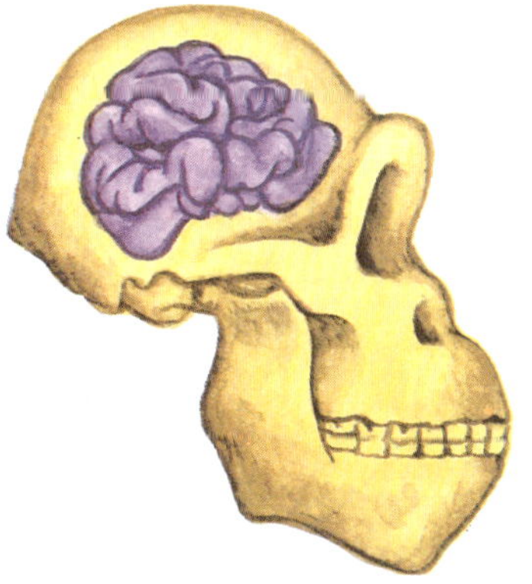

Australopithecus afarensis

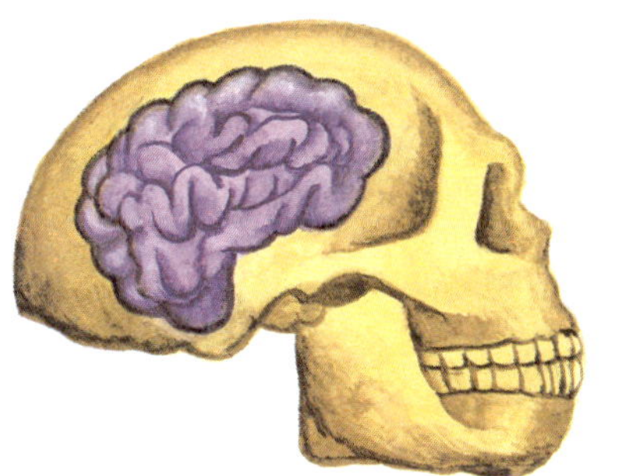

Homo habilis

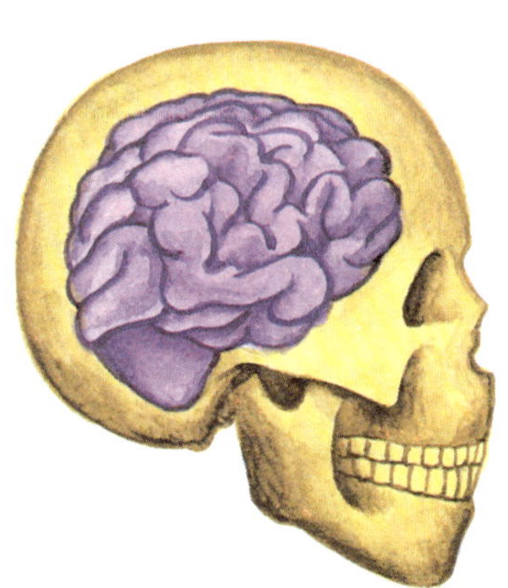

Heutiger Mensch

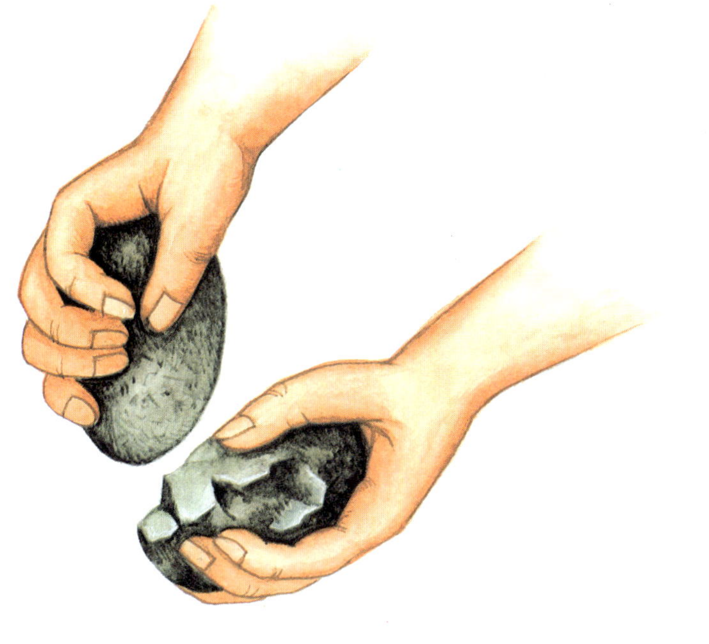

Was sind Chopper und Faustkeile? Steinwerkzeuge in Hülle und Fülle haben wir von Urmenschen gefunden. Man unterteilt die Funde in *Industrien*, je nachdem, wie die Werkzeuge bearbeitet waren und wann und wo sie entstanden sind. Die Oldoway-Schlucht liegt in Ostafrika. Einfache Schlagsteine, die in der „*Oldoway-Industrie*" gefertigt wurden, haben wahrscheinlich schon die Australopithecinen vor über zwei Millionen Jahren gemacht.

Die einfachen Schlagsteine nennt man *Chopper*. Sie sind nur auf einer Seite behauen. Die Urmenschen haben Splitter von einer Seite des Steines abgeschlagen, so daß die Steine eine Schneide bekamen.

Mit der Zeit verbesserten die Urmenschen ihre Technik. Sie bearbeiteten die Steine schon bald von beiden Seiten und stellten auf diese Weise *Zweiseiter* her. Die Schneide eines Zweiseiters ist etwas schärfer als die eines Choppers. Man nennt die Zweiseiter auch *Faustkeile*, denn die Urmenschen umschlossen die Zweiseiter mit der Faust, wenn sie damit zuschlagen wollten.

Der erste Faustkeil dürfte vor etwa einer Million Jahren angefertigt worden sein. Hunderttausende von Jahren dauerte es dann noch, bis die Urmenschen bessere Steinwerkzeuge herstellen konnten und schließlich sogar in der Lage waren, Kunstfiguren anzufertigen.

War der Homo habilis ein Allesesser?

Unermüdlich schlägt der Mann mit dem schweren Stein zu. Er bearbeitet damit einen kleineren Stein, der vor ihm liegt. Rundherum liegen spitzige Steinsplitter, die er bereits abgeschlagen hat. Es dauert Stunden, bis der Mann ein paar gute Chopper mit einigermaßen scharfen Kanten gemacht hat.

Mit Choppern, Steinsplittern und spitzen Knochen schlitzten die Männer vom Menschentyp Homo habilis ihre Jagdbeute auf. Sie häuteten die Tiere, zerlegten sie, und dann wurden sie roh verschlungen.

Der Homo habilis lebte vor 1,5 Millionen Jahren bereits in einfachen Dorfgemeinschaften. In den Ansiedlungen gab es sogar schon getrennte Bereiche: die Schlachtbank, den Steinhauplatz und die Wohnhütten. Das Gebiß eines zwei Millionen Jahre alten Schädels verrät, daß sich der Homo habilis zum Allesesser entwickelt hatte. Seine Vorfahren ernährten sich nur von pflanzlicher Kost.

Der „geschickte Mensch" sammelte vermutlich Tiere auf, die gerade erst gestorben waren. Die Geier, die am Himmel über dem toten Tier kreisten, verrieten ihm, wo es etwas zu holen gab. Vielleicht gingen diese Urmenschen aber auch schon auf die Jagd.

Die Tierknochen, die man an den Schlachtplätzen gefunden hat, stammten hauptsächlich von Antilopen und Gazellen. Viele Knochen waren mit Choppern zerschlagen worden. Man schließt daraus, daß der Homo habilis das Knochenmark verspeiste. Solche Leckerbissen waren aber wahrscheinlich selten. Die übliche Nahrung bestand vermutlich aus Früchten, Samen und Beeren, Vogeleiern, Vögeln und kleinen Tieren.

Der Homo habilis lebte in primitiven, dorfähnlichen Ansiedlungen, in denen er auch Tiere schlachtete.

Der Homo habilis (links) und sein Nachkomme, der Homo erectus (rechts), der schon bis zu 1,70 m groß wurde

Lebten verschiedene Menschenarten gleichzeitig?

Vor ein bis zwei Millionen Jahren existierten mehrere Arten von Urmenschen neben dem Homo habilis. Da waren verschiedene Arten von Australopithecinen, die noch nicht ausgestorben waren, und später gab es den *Homo erectus*, das heißt „der aufrechte Mensch". Der Homo erectus entwickelte sich vor 1,6 Millionen Jahren. Er war ein direkter Nachkomme von Homo habilis und lebte vermutlich die ersten 100 000 Jahre neben ihm, bis dieser langsam ausstarb oder sich zum Homo erectus weiterentwickelte.

Der Homo erectus stand schon auf einer wesentlich höheren Entwicklungsstufe als der Homo habilis. Das Gehirn des Homo erectus war mit 1000 bis 1250 Kubikzentimetern schon fast so groß wie das eines heutigen Menschen.

Gab es feindliche Stämme?

Der Mann deutet mit seinem Speer zum Waldrand. Gebannt schauen auch die anderen Urmenschen dorthin. Am Waldrand stehen drei Männer von einem fremden Stamm. Sie sind von Kopf bis Fuß mit Schlamm und Erde beschmiert. Wahrscheinlich sind sie auf der Jagd, deshalb haben sie sich zur Tarnung so bemalt. Auch sie tragen Speere und Knüppel.

Zu einer Auseinandersetzung kommt es jedoch nicht. Einer der drei Fremdlinge raunzt etwas Unverständliches. Dann traben sie davon und verschwinden hinter Büschen und Bäumen im Wald.

Es gibt keine Anzeichen dafür, daß sich zu Zeiten des Homo habilis kriegerische Streitigkeiten abgespielt haben. Es spricht vieles dafür, daß die Urstämme sehr friedlich waren. Es gab noch so wenige Menschen auf der Erde, daß sie kaum in Streit um Nahrung, Lebensraum oder Rohstoffe geraten konnten. Zudem lagen ihre Jagd- und Wohngebiete in Afrika so weit verstreut, daß sich die Angehörigen verschiedener Stämme oder Menschenarten wahrscheinlich nur höchst selten begegnet sind.

Wann lernten die Urmenschen sprechen?

Der Kehlkopf des Menschen ist im vorderen Bereich des Halses. Ihr könnt ihn mit der Hand erfühlen. Wenn ihr schluckt, geht der Kehlkopf auf und ab. Wir können mit Hilfe des Kehlkopfes sprechen: Er öffnet die Luftröhre, wenn wir reden, singen oder schreien.

Bei unseren frühen Vorfahren, den Australopithecinen, lag der Kehlkopf viel höher im Hals als bei uns. Deshalb konnten sie auch nicht sprechen. Man weiß das, weil man die Lage des Kehlkopfes an den Schädelknochen erkennen kann.

Erst im Verlauf von vielen hunderttausend Jahren hat sich der Kehlkopf bei den Urmenschen immer weiter gesenkt. Ob der Homo habilis vor 1,8 Millionen Jahren schon sprechen konnte, wissen wir nicht genau. Bei ihm war der Kehlkopf erst halb so weit abgesunken, wie es zum Sprechen nötig wäre. Vermutlich konnte er nur einfache Laute ausstoßen.

Der Nachkomme von Homo habilis, Homo erectus, konnte wahrscheinlich bereits richtig sprechen. Ein 1,6 Millionen Jahre alter Schädelfund beweist das. Völlig stimmte der Sprechapparat noch nicht mit unserem überein, aber er reichte bestimmt aus, um Worte zu bilden.

Der tief gelegene Kehlkopf beim heutigen Menschen (oben) ermöglicht das Sprechen. Der Australopithecus mit seinem hoch gelegenen Kehlkopf (unten) konnte dagegen noch nicht sprechen.

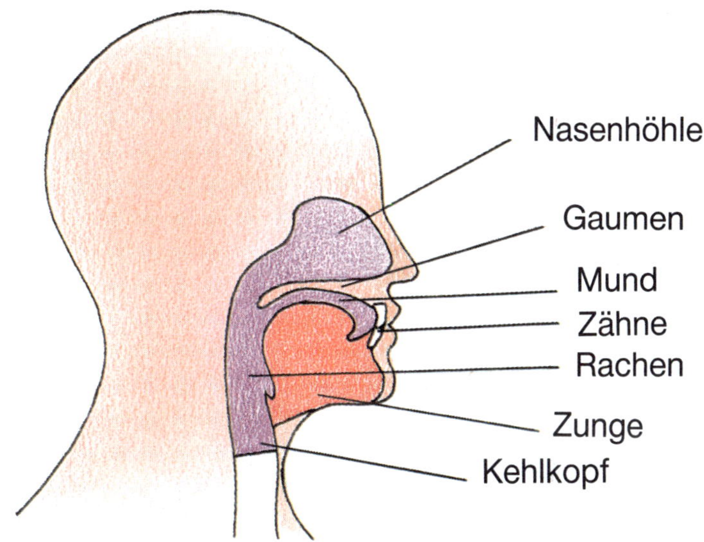

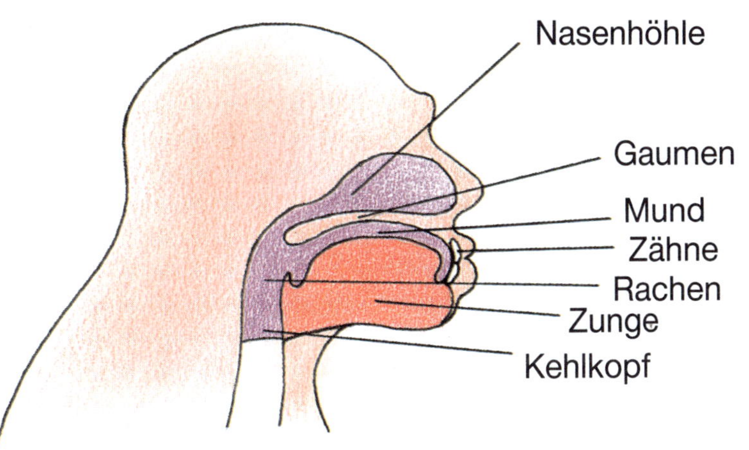

*Von einem brennen-
den Baum verschaf-
fen sich die Urmen-
schen Feuer. Sie
sind aber noch nicht
in der Lage, selbst
Feuer zu entzünden.*

Woher hatten die Urmenschen Feuer?

Der Blitz fährt in einen alten, knorrigen Baumriesen. In wenigen Sekunden steht der ganze Baum in Flammen. Ein Urmensch läuft hin und greift sich einen der brennenden Zweige. So schnell er kann, trägt er die Fackel zu seiner Horde, die hinter dem Hügel lagert.

Wir vermuten heute, daß die Urmenschen, die erstmals das Feuer nutzten, es nicht selbst entfachen konnten. Wahrscheinlich holten sie es sich, wenn es irgendwo brannte, weil der Blitz eingeschlagen hatte oder ein Vulkan ausgebrochen war. Vielleicht hatten sie sogar steinerne Gefäße, mit denen sie Glut und brennende Holzkohle über weite Strekken transportieren konnten. So hätten sie selbst auf ihren Wanderungen nicht auf das Feuer verzichten müssen.

Die ältesten Spuren der Nutzung des Feuers sind ungefähr 1,5 Millionen Jahre alt. Sie stammen aus Afrika und sind wahrscheinlich von einem Homo erectus. Es handelt sich dabei um verkohlte Tierknochen, die man innerhalb eines Kreises aus Stein gefunden hat. In Europa ist die älteste Feuerstelle in *Escale* in Frankreich. Sie ist rund 700 000 Jahre alt und stammt ebenfalls vom Homo erectus, der von Afrika bis nach Europa gewandert war.

Solche uralten Feuerspuren deuten aber nur auf die Nutzung des Feuers hin. Ab wann die Urmenschen in der Lage waren, selbst Feuer zu entzünden, wissen wir nicht. Vermutlich schafften sie dieses Kunststück erst viel später, vor 100 000 bis 200 000 Jahren. Feuersteine, mit denen vor etwa 30 000 Jahren Feuer entzündet wurde, sind in großer Menge gefunden worden, zum Beispiel in der *Vogelherdhöhle* bei Heidenheim in Süddeutschland.

Wie jagten die Urmenschen Großwild?

Mindestens 20 Urmenschen stürmen auf zwei junge Elefanten zu, die von ihrer Herde abgekommen sind. Die Jäger schwenken brennende Zweige und glühende Strünke durch die Luft, und die Funken fliegen davon. Mehrere umstehende Büsche sind schon in Brand geraten.

Die Elefanten sehen das Feuer, riechen den beißenden Rauch und rennen in panischer Angst davon. Dabei übersehen sie einen tödlichen Sumpf am Ende des Tales. Sie geraten hinein und können sich nicht mehr daraus befreien. Die Urmenschen eilen herbei und holen sich ihre Beute.

Der Gebrauch des Feuers hat dem Homo erectus einen entscheidenden Vorteil gegenüber den Tieren eingebracht. Raubkatzen und Großwild scheuen das Feuer. So konnten die Urmenschen sogar Nashörner, Elefanten oder Nilpferde jagen. Wahrscheinlich entzündeten die wilden Jagdhorden ganze Großbrände oder trieben mit brennenden Zweigen und Ästen die Tiere in Sümpfe oder über steile Böschungen. Besonders im Süden von Spanien, in *Torralba* und *Ambrona*, hat man solche Spuren entdeckt. Sie sind fast eine halbe Million Jahre alt.

So entfachten die Urmenschen Feuer

Selbst mit steinzeitlichen Mitteln ist es möglich, Feuer zu entfachen. Nimmt man einen Holzstab zwischen die Handflächen und verschiebt die Handflächen rasch gegeneinander, dann dreht sich der Stab dazwischen wie ein Bohrer oder Quirl. Setzt man nun die Spitze des rotierenden Stabes auf ein trockenes Weichholzbrett, so beginnt das Weichholz am Auftreffpunkt des Stabes zu glimmen, denn durch Reibung entsteht Wärme. Holzmehl, trockenes Moos oder feines Reisig darauf legen und fest pusten – schon brennt es.

Auch mit einem bestimmten Stein, dem *Feuerstein*, kann man Feuer machen. Man muß ihn gegen einen anderen Stein schla-gen, bis Funken abspringen. Wenn die Funken dabei auf leicht brennbares Material fliegen, fängt es zu brennen an. Feuerstein ist ein meist blauschwarzes Kieselgestein. Viele Faustkeile und später auch Schaber und Speerspitzen waren aus Feuersteinen gefertigt. Dieser Stein splittert nämlich so auseinander, daß scharfe Kanten entstehen.

Es ist denkbar, daß die Urmenschen ganz zufällig entdeckten, wie man Feuer macht. Vielleicht saß ein Urmensch beim Steineschlagen und sah, wie fliegende Funken ein vertrocknetes Moospolster zu seinen Füßen entzündeten. Von da ab waren die Urmenschen nicht mehr gezwungen, das Feuer von weit her zu holen und es ständig zu erhalten.

Die große Wanderung

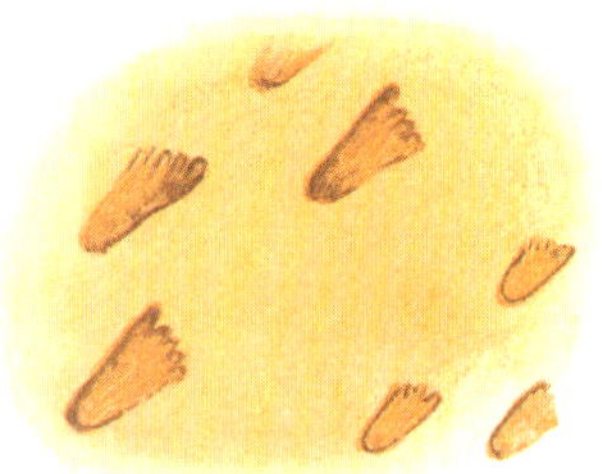

Die ersten Handwerker und Feuermacher lebten anfangs nur in Afrika. Das waren die Urmenschen Homo habilis und Homo erectus. Doch der höher entwickelte Homo erectus ist nicht in Afrika geblieben. Schon vor mehr als einer Million Jahren hat er Afrika verlassen und ist auf Wanderschaft gegangen. Über die arabische Halbinsel gelangte er nach Europa und Asien. Er besiedelte die ganze Welt mit Ausnahme von Amerika und Australien. Diese beiden Kontinente wurden erst viel später von den Menschen erobert.

Warum die Urmenschen ihre Heimat Afrika verließen, können wir heute nicht mehr nachvollziehen. Vielleicht waren die Urmenschen ständig auf Wanderschaft. Sie suchten ein Gebiet nach Nahrung ab und verließen es wieder, wenn es nichts mehr zu essen gab. So kamen sie auf ihrer Wanderung immer weiter voran, bis sie schließlich sogar den Fernen Osten erreichten.

Seit 1990 stellt die *Deutsche Forschungsgemeinschaft (DFG)* Gelder bereit, um die Wanderwege der afrikanischen Urmenschen zu erforschen. Die Untersuchungen dauern noch an. Erste Funde scheinen zu bestätigen, daß südafrikanische Urmenschen nach Ostafrika gewandert sind und umgekehrt. Damit wäre bewiesen, daß unsere afrikanischen Vorfahren grundsätzlich besonders wanderfreudig waren. Warum sie aber so weit, bis nach Asien und Europa, gezogen sind, wird wohl für immer ein Geheimnis bleiben.

Wann genau der erste Homo erectus seinen Fuß auf europäischen Boden gesetzt hat, können wir heute nicht mehr sagen. Doch die bisherigen Funde sprechen dafür, daß dies fast 800 000 Jahre her ist.

Einer der ersten Europäer lebte in der Nähe von *Heidelberg*. Das Alter seiner Überreste haben Wissenschaftler auf fast 700 000 Jahre geschätzt. Es handelt sich dabei um das Kieferknochenstück eines Homo erectus.

Auch in Frankreich, Griechenland, Ungarn und Spanien hat man Spuren des Homo erectus entdeckt. Sie sind zwischen 200 000 und 500 000 Jahre alt.

Ebenso wie Elefanten, Nashörner und

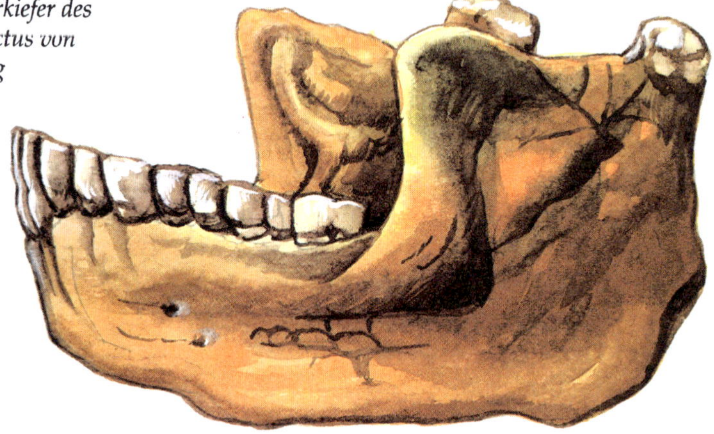

Der Unterkiefer des Homo erectus von Heidelberg

Gazellen den Weg vom warmen Afrika in den kühleren Norden gefunden hatten, muß auch der Homo erectus von Afrika nach Europa gekommen sein. Wahrscheinlich gingen die Wanderwege dieses Urmenschen über Land durch den Nahen Osten oder über die Meerenge von *Gibraltar* in Südspanien.

An der Mittelmeerküste von Frankreich in der Stadt *Nizza* hat man das älteste Lager eines europäischen Homo erectus gefunden. Es ist 400 000 Jahre alt und besteht aus einem Steinkreis mit Feuerstelle und aus Löchern, in die einst Pfähle gerammt waren. Wahrscheinlich dienten die Pfähle als Pfosten für eine Hüttenwand oder ein Hüttendach. An der Fundstätte haben die Wissenschaftler auch Fußspuren entdeckt, die von damaligen Urmenschen stammen.

In *Isernia* in Italien stieß man auf viele Tierknochen von Hirschen, Nashörnern, Bisons und Elefanten. Diese Knochen sind möglicherweise sogar älter als 700 000 Jahre. Sie zeigen eindeutig, daß die Tiere von Menschen erlegt worden sind.

Der Arzt Eugène Dubois (1858 – 1940) suchte auf Java nach Spuren von Urmenschen.

Wer entdeckte den Javamenschen?

Der Holländer *Eugène Dubois* war fest davon überzeugt, daß man auch in Asien Spuren von Urmenschen finden könnte. Bis zum Ende des 19. Jahrhunderts hatte man dort noch keine Entdeckungen gemacht. Deshalb begann Dubois 1880 auf der indonesischen Halbinsel *Java* mit der Suche. Zwölf Jahre kämpfte er gegen tropische Hitze, Krankheiten, Blutegel und Insektenstiche in den Urwäldern von Java. Aber 1892 wurde seine Mühe belohnt. Dubois fand die Schädeldecke und den Schenkelknochen eines bis dahin unbekannten Urmenschen.

Doch anfangs glaubte ihm niemand. Alle hielten den Fund für die Überreste eines urzeitlichen Affen. Erst *Gustav Heinrich Ralph von Koenigswald*, ein deutscher Forscher aus Berlin, bestätigte fast 40 Jahre später, daß der Fund von einem Urmenschen stammte.

Heute wissen wir, daß Dubois den ersten Homo erectus auf Java gefunden hatte. Noch nicht ganz klar ist das Alter der Knochen. Neueste Studien besagen, daß sie schon 1,2 Millionen Jahre alt sein könnten. Demnach wäre der Homo erectus bereits vor mehr als 1,2 Millionen Jahren aus Afrika ausgewandert und über *Thailand* bis in den äußersten Südosten von Asien vorgedrungen. Geologen vermuten, daß die Insel Java vor etwa 1,5 Millionen Jahren noch mit dem Festland verbunden war.

Bei der Ortschaft Trinil am Solo-Fluß auf Java fand Dubois Knochen eines Urmenschen, der als „Javamensch" bekannt wurde.

Wer waren die Höhlenmenschen von Peking?

Forscher haben sie in finsteren Kalksteinhöhlen entdeckt: die Überreste von etwa 40 Urmenschen in 200 000 bis 500 000 Jahre alten Gesteinsschichten. Während der Wirren des Zweiten Weltkrieges verschwanden die bedeutenden Fundstücke leider auf Nimmerwiedersehen. Doch neuerliche Ausgrabungen an derselben Stelle bestätigen, daß in diesen Kalksteinhöhlen Urmenschen gehaust haben. Die Höhlen liegen in China in der Nähe der Hauptstadt *Peking*. Man bezeichnet diese Urmenschen deshalb als *Pekingmenschen*.

Der Homo erectus ist auf seiner Wanderschaft also bis in den Norden Chinas vorgedrungen. Wann er dort eintraf, ist umstritten. Der älteste Fund ist vermutlich 700 000 Jahre alt. Die Höhlenmenschen von Peking betrieben wahrscheinlich schon primitive *Kulte*. Die Entdeckungen lassen darauf schließen, daß sie Begräbnisse veranstalteten und dabei einen Leichenschmaus abhielten. Dicke Ascheschichten zeigen, daß sie dabei um ein Feuer saßen. Ohne Feuer hätten die Pekingmenschen wahrscheinlich nicht überleben können. Die Winter in diesem Gebiet der Erde waren zu kalt. Vermutlich konnten die Pekingmenschen das Feuer noch nicht selbst entzünden und mußten es ständig in Betrieb halten. Das würde erklären, warum die Ascheschichten so enorm dick waren. Neben den Feuerstellen fand man viele Geräte und Waffen. Sie waren aus Feuerstein und Kalkstein gefertigt.

Gab es Riesenaffen wie King Kong?

Der Riesenaffe tobt. Er schlägt mit den Armen um sich und brüllt ohrenbetäubend. Der behaarte Riese ist doppelt so groß wie ein Mensch. Er nähert sich jetzt dem Zaun, den die Menschen aus hohen Baumstämmen errichtet haben. Der Schutzwall soll das Monster von den Menschen fernhalten. Aber der Riese zertrümmert das Zauntor und tappt direkt auf die zitternde Menschenschar zu.

Diese Furcht der Menschen vor einem Riesenaffen wie *King Kong* ist uns von vielen Filmen her bekannt. Vielleicht versetzen uns die King Kong-Filme nur deshalb in Angst und Schrecken, weil sie auf einem wahren Kern beruhen.

So könnte der Kampf
zwischen den Pe-
kingmenschen und
einem urzeitlichen
Gigantopithecus
ausgesehen haben.

Vor mehr als 500 000 Jahren sind manche Urmenschen so einem Affenmonster begegnet. Die Forscher gaben dem riesigen Affen den Namen *Gigantopithecus*, das heißt „Riesenaffe". Gigantopithecus lebte in China und war ein Zeitgenosse der frühen Pekingmenschen. Der Riesenaffe war über zwei Meter hoch und damit doppelt so groß wie die asiatischen Höhlenmenschen. Die *Mahlzähne*, die von ihm gefunden wurden, waren sechsmal so dick wie menschliche Mahlzähne.

Trotz seiner Größe war der Riesenaffe nur ein harmloser Pflanzenfresser. Es ist sogar möglich, daß er von den chinesischen Urmenschen ausgerottet wurde. Vor einer halben Million Jahren ist er für immer von der Welt verschwunden. Nur in Phantasiefilmen hat er überlebt.

Wann herrschten die Eiszeiten? Vor etwa zwei Millionen Jahren veränderte sich das Klima auf der Welt dramatisch. Es wurde kälter und kälter. Die erste Eiszeit begann. Von den Polargebieten her schoben sich *Gletscher* über weite Teile der Erdkugel. Im Norden waren halb Europa und halb Nordamerika von Eis bedeckt. Auch aus den Gebirgen, den *Alpen* und *Pyrenäen*, quollen dicke Gletscher und schoben sich bis in die Täler hinein.

Mammuts wurden bis zu 4,5 m groß.

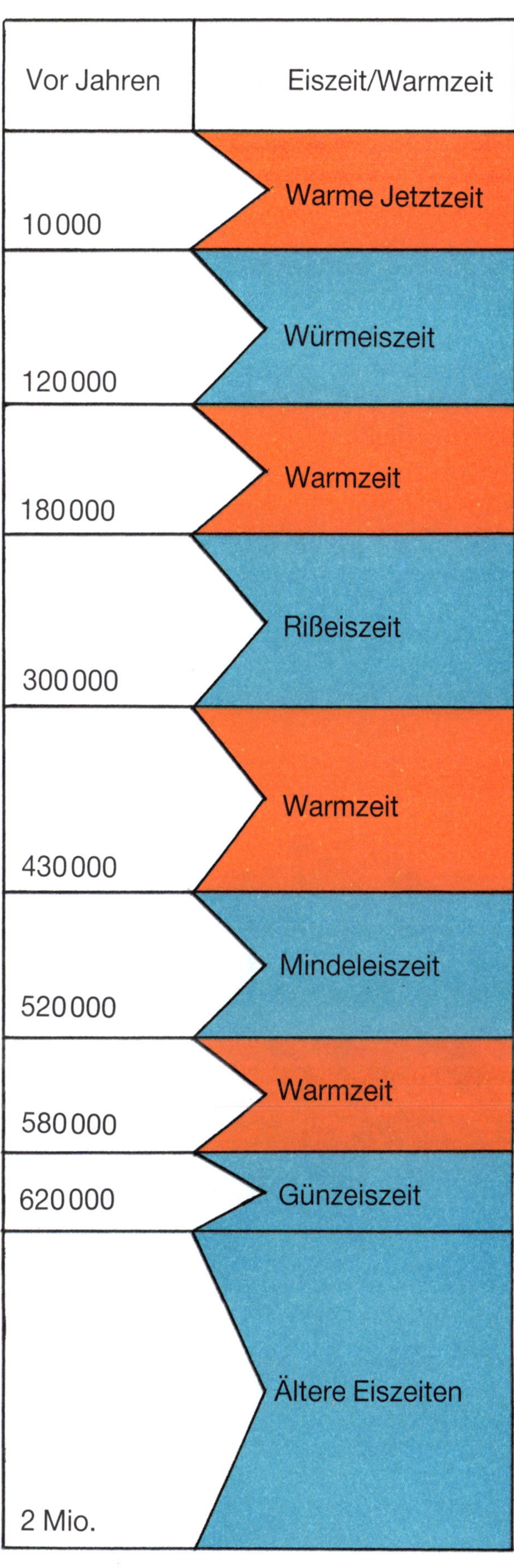

Innerhalb der letzten Jahrmillion gab es vier Eiszeiten (blau), auf die jeweils eine Warmzeit (rot) folgte.

Kein Mensch weiß, warum das so war. Vielleicht verdunkelten kosmische Nebel das Sonnenlicht, oder die Erde änderte ihre Bahn um die Sonne. Fest steht nur, daß die Ursache für die Kälte wieder verschwand. Das Klima wurde wieder milder, die Gletscher schmolzen, und auf die erste Eiszeit folgte eine *Warmzeit*. So eine Warmzeit nennt man auch *Zwischeneiszeit*. Von dieser Zeit an, etwa vor einer Million Jahren, wechselten sich Eiszeiten und Warmzeiten ab. Es gab vier Eiszeiten. Sie heißen *Günz, Mindel-, Riß-* und *Würmeiszeit*. Die Eiszeiten wurden nach süddeutschen Flüssen benannt. Denn an ihren Flußbetten kann man heute noch erkennen, wie weit die Gletscher von den Alpen ins Land vorgedrungen sind.

Wie überlebten die Urmenschen die Eiszeiten?

Bestimmt sind viele Urmenschen vor der Kälte geflohen. Sie gingen auf Wanderschaft in wärmere Gegenden im Süden. In den Warmzeiten haben sie dann Afrika oder Südasien wieder verlassen, um im Norden zu leben.

Viele Funde zeigen aber, daß auch während der kalten Zeiten Menschen im Norden gelebt haben. Für diese Urmenschen waren vor allem drei Dinge wichtig: Feuer, warme Kleidung und nahrhaftes Essen.

Während der Eiszeiten lebten auf der Nordhalbkugel der Erde hauptsächlich Tiere, die mit einem besonders dicken Fell gegen die Kälte geschützt waren.

Höhlenbären, *Wollnashörner*, *Mammuts*, *Eisfüchse*, *Wölfe* und *Bisons* konnten die strengen Winter überleben. Und mit ihnen überlebten die Urmenschen. Viele von ihnen folgten den Wanderrouten der Mammuts und Bisons. Sie erlegten diese Tiere und hatten so Fleisch zum Essen und wärmende Felle zum Anziehen.

Wahrscheinlich waren die Eiszeiten auch der Grund dafür, daß sich die Menschen allmählich zu kleiden begannen und zunehmend tierische Nahrung aufnahmen.

Früchte und Pflanzen standen ihnen ja nur im kurzen Sommer zur Verfügung. Vielleicht sind deshalb auch viele der urzeitlichen Felltiere wie das Mammut oder das Wollnashorn ausgestorben. Die Urmenschen hatten so viele dieser Tiere gejagt und erlegt, daß diese schließlich ganz ausgerottet wurden.

In den Warmzeiten hatten es die Urmenschen im Norden viel leichter. Nashörner, Wasserbüffel, Elefanten und Gazellen sind sogar bis nach England und Frankreich gezogen. Die Pflanzenwelt hatte in unseren Gebieten denselben Artenreichtum, wie wir ihn heute nur aus südlichen Erdteilen kennen.

Die europäischen Urmenschen der Würmeiszeit, die *Neandertaler*, erlegten vermutlich besonders viele Höhlenbären, die heute ausgestorben sind. Wie die meisten Bären hielten auch die Höhlenbären einen Winterschlaf und waren in dieser Zeit leicht zu überwältigen.

Tiere der Eiszeit waren der Eisfuchs, das Mammut, der Höhlenbär, der Bison, der Wolf und das Wollnashorn (von links nach rechts).

Der Urzeit auf der Spur

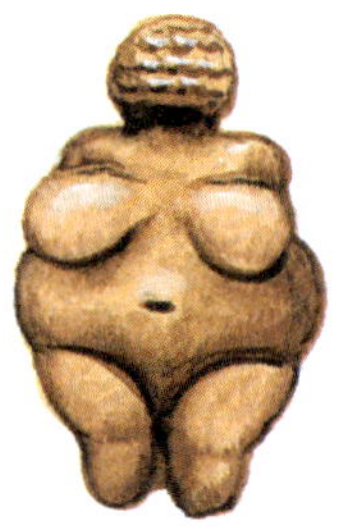

Seit wann wissen wir von den Urmenschen?

Die Forschungsreise zu den Ursprüngen der Menschheit begann Mitte des 19. Jahrhunderts.

Im *Neandertal* bei Düsseldorf entdeckte der Naturforscher *Johann Carl Fuhlrott* in einer Kalksteingrube den Schädelknochen eines Urmenschen. Wissenschaftler aus aller Welt stellten fest, daß es sich bei dem Fund um die Überreste eines Menschen aus längst versunkenen Zeiten handelte. Sie nannten den Urmenschen nach dem Fundort *Neandertaler*. Das war im Jahre 1856.

In den nächsten Jahrzehnten kamen unglaubliche Entdeckungen hinzu. Die Forscher fanden heraus, daß die Neandertaler schon vor mehr als 100 000 Jahren in Europa gesiedelt hatten. Vor 35 000 Jahren waren sie ausgestorben oder hatten sich mit den „modernen Menschen" unseres Typs vermischt. Genau ist bis heute nicht geklärt, was aus ihnen geworden ist.

Doch die Entdeckung der Neandertaler war erst der Anfang der Reise in die Urzeit des Menschen. Immer ältere Funde kamen ans Tageslicht, immer genauer wurden die wissenschaftlichen Methoden, mit denen man das Alter, das Aussehen und die Lebensweise des Urmenschen bestimmen konnte.

Welche Spuren hinterließen die Urmenschen?

Unser Wissen von den Urmenschen geht in erster Linie auf Knochenfunde zurück. Das Fleisch eines toten Tieres oder Menschen verwest schnell und hinterläßt selten Spuren. Nur das Knochenskelett überdauert viele Jahre.

Die Forscher finden jedoch nur selten „echte Knochen". Die Millionen Jahre alten Skeletteile aus der Vorzeit bestehen aus versteinerten Knochen, den sogenannten *Fossilien*. Nur durch die Versteinerung blieben diese Knochen so lange erhalten. Sie stellen ein originalgetreues Abbild des ursprünglichen Knochens dar.

Neben versteinerten Knochen tragen auch Gegenstände aus der Urzeit zu un-

Johann Carl Fuhlrott (1804 – 1877) fand die ersten Überreste des Neandertalers.

serem Wissen über die Anfänge der Menschheit bei. Steinerne Werkzeuge wie Faustkeile oder Äxte sowie Jagdwaffen mit Stein- oder Knochenspitzen verraten viel über die Urmenschen. Sehr problematisch ist dabei, daß die meisten Funde nur aus Steinen und Knochen bestehen. Holz, Leder, Haut oder Fell sind verrottet und haben die Jahre nicht überdauert. Möglich ist, daß wir uns in manchen Punkten gewaltig über das Leben der Urmenschen täuschen. Vielleicht verfügten sie über prächtige Dinge aus Materialien, die eben keine Spuren hinterlassen haben. Dann müßte der Name Steinzeit vielleicht in „Holzzeit" oder „Fellzeit" umgewandelt werden.

Aus Stein, Ton oder Knochen sind auch die ältesten Kunstgegenstände, die man gefunden hat. Verzierte Knochen, bemalte Kieselsteine oder Frauenfiguren mit besonders dicken Brüsten und breiten Gesäßteilen haben die Forscher ausgegraben. Diese kleinen Frauenstatuen nennt man *Venusfiguren*. Die bekannteste heißt die *Venus von Dolní Věstonice*. Sie ist 25000 Jahre alt und wurde in der Tschechei entdeckt.

Die berühmteste vorzeitliche Kunst fanden Forscher an den Wänden von Höhlen in Südeuropa und Nordafrika. Es sind prächtige Höhlenmalereien mit Tierdarstellungen von Pferden, Mammuts, Hirschen oder *Wisenten*, mit Jagdszenen oder anderen urzeitlichen Abbildungen. Die bekanntesten Fundstellen sind *Altamira* (Spanien), *Niaux* und *Lascaux* (Frankreich). Solche Wandbilder sind manchmal rund 30000 Jahre alt. Die ältesten Spuren von Ockerfarbe, mit der die Urmenschen malten, schätzt man auf über eine Million Jahre.

Vorzeitliche Behausungen wie Höhlen, Hütten oder Pfahlbauten verraten auch viel über das Leben der Urmenschen. So wissen wir von Urmenschen, die sich während der Eiszeit aus Mammutknochen und Mammutstoßzähnen ihre Hütten bauten. Wahrscheinlich sind in der Eiszeit viele Wälder zerstört worden, und die Urmenschen verwendeten Mammutknochen anstelle von Holz.

Woher kennen wir das Alter der Funde? | Versonnen betrachtet der Forscher *Jean Bouyssonie* den Schädel, den er in der rechten Hand hält. Es ist der Schädel eines Neandertalers, eines europäischen Urmenschen, der vor 80 000 Jahren in Frankreich lebte.

Bouyssonie erkennt den Menschentyp sofort an den wulstigen Augenbrauenknochen. Eine genaue Altersbestimmung dauert natürlich länger als der Blick des geübten *Paläoanthropologen*. Das sind Wissenschaftler, die sich mit dem menschlichen Leben in der Vorzeit befassen. Das Wort kommt aus dem Griechischen: *Anthropos* heißt „der Mensch", und *paläo* heißt „die Vorzeit betreffend".

Zuerst muß der Wissenschaftler wissen, wo der Fund gemacht wurde. Bouyssonie hat seinen Neandertaler im Jahre 1908 in *La Chapelle aux Saints* in Frankreich entdeckt. Wir wissen, wie alt die Erd- und Gesteinsschichten in den einzelnen Erdgebieten sind. Die Oberfläche der Erde hat sich schichtenweise gebildet. Unten liegen die ältesten Gesteinsschichten und oben die jüngsten Erdablagerungen. Wenn es in der Vergangenheit zu Erdbewegungen gekommen ist, haben sich die Schichten manchmal verschoben. Trotzdem kann man sie aber immer noch ziemlich genau verfolgen. Die Altersbestimmung des Gesteins, in dem ein Fund gemacht wurde, ergibt dann das Alter des Fundes.

In Arizona in den USA hat der *Colorado-River* eine 1600 Meter tiefe Schlucht in die Erde gegraben. Man bezeichnet sie als *Grand Canyon*. An den Wänden dieser Schlucht kann man genau die verschiedenen Erdschichten aus den unterschiedlichen Erdzeitaltern betrachten.

Unmittelbar an den versteinerten Knochen haften manchmal auch *Pollen*. Pollen sind Samen von Pflanzen. Es gibt Pollen, die unter bestimmten Bedingungen Jahrmillionen halten. Da man weiß, welche Pflanzen zu welchen Zeiten wuchsen, kann man von den Pflanzenpollen auf das Alter eines Fundes schließen.

In den Eiszeiten wuchsen in Europa nur karge Pflanzen. In den Zwischeneiszeiten oder Warmzeiten hingegen gediehen in Nordeuropa sogar Palmen und üppige Südpflanzen. Vor ein paar hunderttausend Jahren wuchs in Italien ein richtiger Urwald. Nilpferde, Affen, Elefanten und Krokodile lebten darin.

Seit einigen Jahrzehnten gibt es neue Methoden, das Alter der Funde anhand radioaktiver Strahlung zu ermitteln. Diese Verfahren sind viel komplizierter als die *Gesteins-* und die *Pollenanalyse*.

Ein Blick in den Grand Canyon (USA) zeigt, daß die Erdoberfläche aus verschiedenen Schichten besteht. Die jüngsten Erdablagerungen sind oben. Der Ausschnitt (oben rechts) zeigt vergrößert einen Schnitt durch die Erdoberfläche.

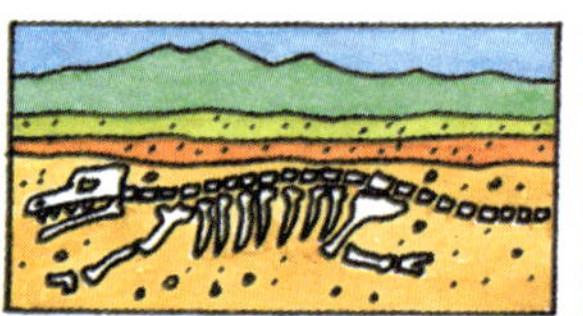

So entstehen Versteinerungen

1. Das Skelett eines toten Tieres oder Menschen wird mit Wasser überflutet, zum Beispiel, wenn der Meeresspiegel steigt und Landgebiete überschwemmt werden.
2. Am Meeresgrund dringt Schlamm durch feine Poren in die Knochen ein.
3. Der Schlamm verhärtet sich und wird zu Stein. Vor allem Kalk, der im Schlamm enthalten ist, trägt zur Versteinerung bei.
4. Durch Erdbewegungen kommen die versteinerten Knochen nach Jahrmillionen wieder an die Erdoberfläche.

Was verraten die Atome?

Atome sind die kleinsten Bausteine der Materie. Jedes Tier, jede Pflanze, jeder Stein und jedes Stück Erde besteht aus unendlich vielen Atomen. Atome sind so winzig, daß man sie nicht einmal mit dem Mikroskop sehen kann. Trotzdem kennen wir sie und wissen, wie sie sich verhalten.

Bestimmte Atome sind zu schwer, um zusammenzuhalten. Sie zerfallen im Laufe der Zeit. Dabei geben sie radioaktive Strahlung ab, die man messen kann. Je nachdem, wie dicht diese Strahlung ist, weiß man, wie alt das zerfallende Atom ist. Es zerfällt nämlich in einer festgesetzten Zeit, der *Halbwertszeit*.

Bei einem bestimmten *Kohlenstoffatom*, dem *Radiokarbonatom*, beträgt diese Halbwertszeit 5730 Jahre. Nach Ablauf dieser Zeit ist nur noch die Hälfte des ursprünglichen Atoms vorhanden. In weiteren 5730 Jahren verschwindet dann wieder die Hälfte von dem Rest und so fort. Erst nach etwa 70000 Jahren hat sich das Radiokarbon aufgelöst.

Radiokarbon kommt in allen Lebewesen vor. Nach dem Tod eines bestimmten Tieres oder Menschen zerfällt es in der bekannten Halbwertszeit. Man mißt den Zerfall und kennt so das Alter des Fundes. Dieses Verfahren heißt *Radiokarbonmethode* oder *C-14-Methode*.

Über Funde, die älter als 57000 Jahre sind, sagt dieses Verfahren nichts aus, weil Radiokarbon dann nicht mehr nachzuweisen ist. Da untersucht man andere Atome, die langsamer zerfallen als Radiokarbon. Ein solches ist das *Kaliumatom*, das in vulkanischem Gestein vorkommt. Dessen Halbwertszeit beträgt 1300 Millionen Jahre, genug, um damit selbst die ältesten Funde einzuordnen.

Mit solchen komplizierten Verfahren hat man schon Fälschungen enttarnt. In England hatte jemand behauptet, bei *Sussex* den Schädel eines Urmenschen gefunden zu haben. Doch in Wahrheit war der Schädel nur einige hundert Jahre alt. Zudem war ihm der Unterkiefer eines Orang-Utans angeheftet worden. Es war also glatter Betrug.

Anfangs bemerkte niemand die Fälschung. Erst die *Fluoranalyse* brachte Klarheit. Dabei wurden die Knochen auf ihren Fluorgehalt hin untersucht. Fluor ist ein chemischer Stoff, der in den Knochen vorkommt. Der Fluorgehalt im Schädelknochen war ein ganz anderer als im Unterkiefer. So kam der Betrug heraus.

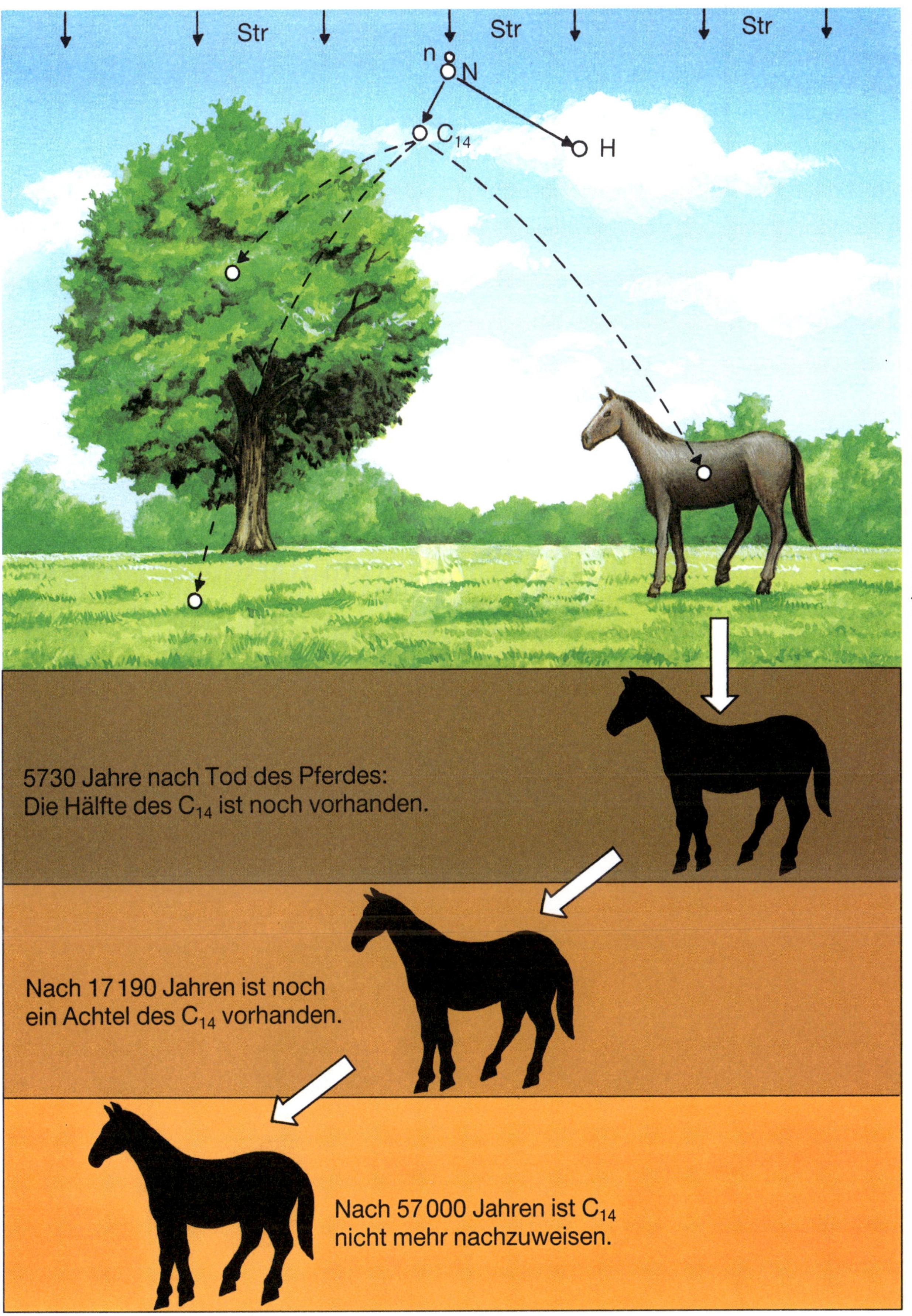

Die Lufthülle der Erde ist ein Gemisch aus verschiedenen Gasen wie Sauerstoff oder Stickstoff. Strahlen aus dem Weltraum (Str) durchdringen sie und setzen Neutronen frei. Trifft ein Neutron (n) auf ein Stickstoffatom (N), entsteht Wasserstoff (H) und C$_{14}$, das Radiokarbonatom. Pflanzen, Tiere und Menschen nehmen es über die Atemluft oder die Nahrung ständig auf. Stirbt ein Lebewesen, wie dieses Pferd, kann es kein C$_{14}$ mehr aufnehmen. Die gespeicherte Menge beginnt dann zu zerfallen und kann gemessen werden.

Welchen schrecklichen Fund machte man in Steinheim?

Im Städtchen *Steinheim* an der *Murr* in Baden-Württemberg wurde 1933 ein grausiger Fund gemacht. Forscher entdeckten einen 300 000 Jahre alten Schädel. Er stammte von einer Frau, die zu den Vorfahren der Neandertaler zählte. Sie heißt nach dem Fundort *Homo sapiens steinheimensis*, also „der Mensch von Steinheim".

Damals hatte die Frau ein schlimmes Ende genommen. Man hat ihr den Schädel eingeschlagen, ihn vom Körper abgetrennt und dann geöffnet, um das Gehirn zu entnehmen. Das Gehirn wurde dann wahrscheinlich von jemandem verzehrt.

Dieser Fund war kein Einzelfall. Es sind auch andernorts geöffnete Schädel entdeckt worden. Manche Frühmenschen veranstalteten einen regelrechten Schädelkult. Wahrscheinlich verspeisten sie die Gehirne von getöteten Gegnern und glaubten, daß dadurch deren Kräfte auf sie übertragen würden.

Viel später, in der Jungsteinzeit, gab es Schädelöffnungen auch aus anderen Gründen.

Gab es Schädeloperationen in der Steinzeit?

Bei einem steinzeitlich lebenden Negerstamm in Afrika haben Forscher in unseren Tagen Schädelöffnungen gefilmt. Ein alter Medizinmann öffnete mit einem Meißel den Schädel eines Mädchens, ohne dem Kind vorher eine Narkose zu geben. Das Mädchen hatte bei einem Sturz eine Gehirnerschütterung erlitten. Der Medizinmann wollte jetzt nachsehen, ob es auch innere Blutungen davongetragen hatte. Solche Blutgerinnsel im Kopf können tödlich sein.

Doch das Mädchen hatte Glück im Unglück. Der Medizinmann stellte kein Blutgerinnsel fest, nachdem er den Schädelknochen ringförmig aufgestemmt hatte. Er setzte das abgenommene Knochenstück wieder ein, bestreute die Wunde mit Kräutern, um Entzündungen vorzubeugen, und vernähte sie wieder.

Die Operierte stand etwas benommen auf, wankte ein wenig und machte sich auf den Weg nach Hause. In einem Monat war sie wieder ganz gesund.

Damit ist bewiesen, daß einfache Schädeloperationen auch mit steinzeitlichen

Der Kopf eines Homo sapiens steinheimensis nach einer Rekonstruktion

Mitteln gemacht werden können. Jüngere Funde deuten darauf hin, daß die Steinzeitmenschen schon solche Eingriffe vornahmen. Somit verliert mancher Fund aus der Steinzeit seinen Schrecken. Nicht jeder mutwillig geöffnete Schädel muß auf eine grausame Tat hinweisen.

Ein mindestens 6000 Jahre alter Fund aus *Naes* in Dänemark zeigt sogar, daß die Schädelöffnung wie bei dem afrikanischen Medizinmann erfolgt ist. Mit einem Meißel ist eine runde Platte von der Größe einer Cremedose aus der Schädeldecke getrennt worden. Vielleicht sollte so eine Krankheit geheilt oder ein böser Geist aus dem Kopf des Patienten befreit werden. Genau ist das aber nicht bekannt.

Im Institut für Menschenkunde in *Cluj* in Rumänien wird ein ganz besonderer Fund aus der Vergangenheit aufbewahrt: ein Schädel, bei dem man sieht, daß er gleich zweimal hintereinander geöffnet wurde. Wahrscheinlich hatte die erste Operation nicht den gewünschten Erfolg, und so wurde es noch einmal versucht. An nachgewachsenen Knochenteilen kann man heute noch erkennen, daß der Patient beide Eingriffe überlebt hat. Der Schädel, der in Cluj aufbewahrt wird, ist etwa 6000 Jahre alt.

Die Einteilung der Steinzeit

Die Steinzeit haben Forscher in verschiedene Abschnitte gegliedert. Der bislang längste Abschnitt in der Geschichte der Menschheit ist die *Altsteinzeit*, die schon vor zwei Millionen Jahren begann und vor etwa 10 000 Jahren endete.

Die einzelnen Abschnitte richten sich danach, welche Steinwerkzeuge und steinernen Gegenstände gefunden wurden. Je näher wir an die Gegenwart herankommen, um so besser und kunstvoller sind die Fundsachen bearbeitet.

Zeittafel

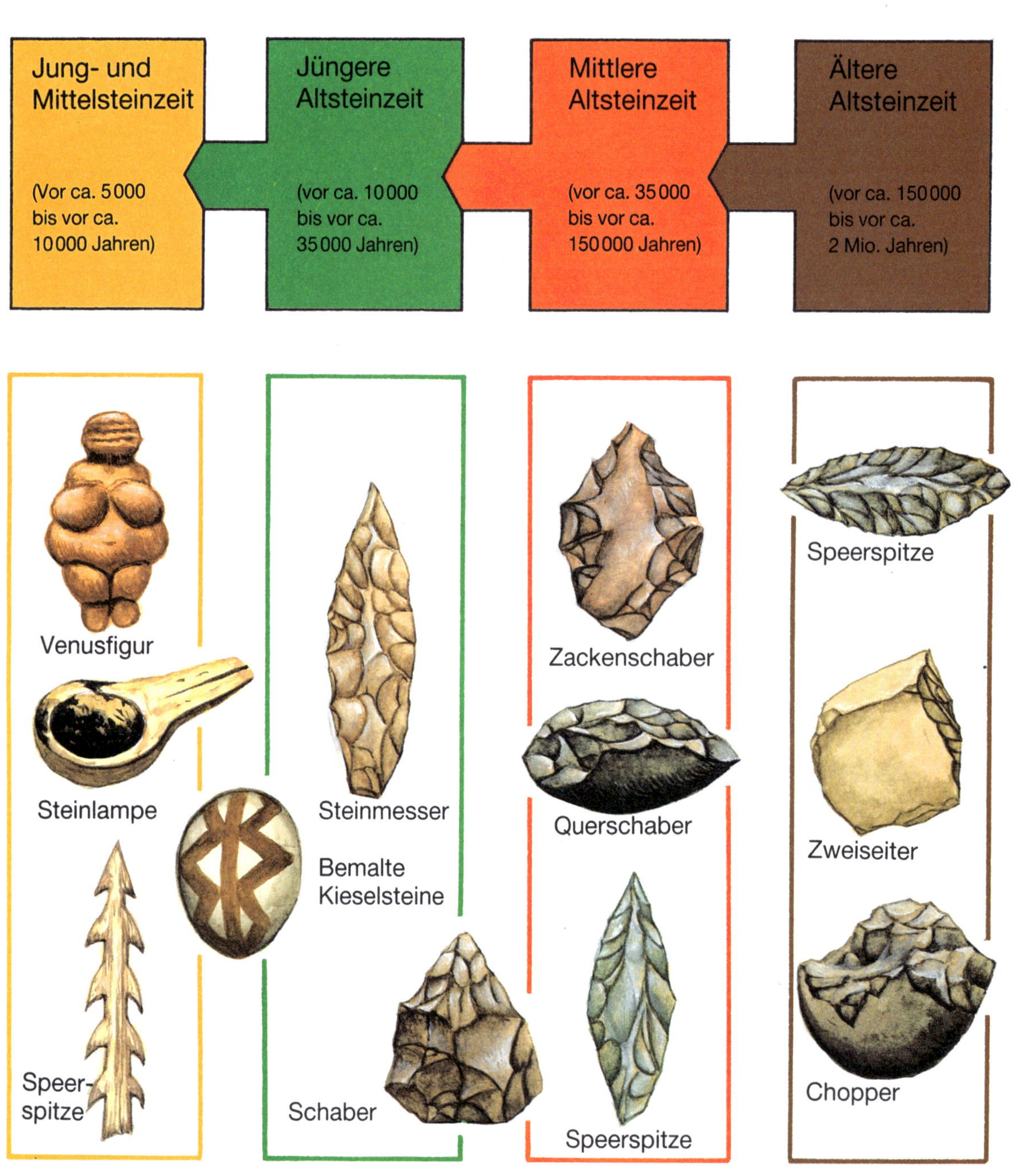

Die Neandertaler

Wie lebten die Neandertaler? Die Sonne geht auf über der Höhlensiedlung. Feine Rauchschwaden steigen aus den Höhlen und künden von den ersten Feuern des Tages. Ein Neandertaler kommt aus einem Höhleneingang hervor und blickt sich um. Mit seinem massigen Gesicht, der fliehenden Stirn und seinen dicken, wulstigen Augenbrauen sieht er wild und mürrisch aus. Sein Körper ist wuchtig und kräftig, und seine Beine sind leicht gekrümmt. Um seinen Bauch hat er ein Bärenfell gewunden, und seine Füße hat er mit Fellappen umwickelt.

Auch aus den anderen Höhlen kommen jetzt urwüchsige Männer gekrochen. Sie tragen Speere mit scharfen Steinspitzen oder schwere Holzkeulen. Die Männer der Höhlensiedlung gehen heute auf die Jagd. So einen Tag, an dem es nicht schneit, nutzen sie zur Nah-

Neandertaler gehen bei Sonnenaufgang auf die Jagd.

rungsbeschaffung. Sie leben fast ausschließlich von ihrer Jagdbeute, denn pflanzliche Nahrung gibt es kaum in den strengen Wintern der letzten Eiszeit. Deshalb gehen die Neandertaler auch oft auf Wanderschaft. Sie ziehen mit den großen Mammut- oder Rentierherden, um jederzeit ein Tier erlegen zu können. Dabei suchen sie immer wieder bestimmte Höhlengebiete auf, in denen sie dann eine Zeitlang leben.

In Frankreich hat man in einer Kalksteinhöhle über 60 Bodenschichten untersucht. Die Forscher stellten fest, daß Neandertaler zu unterschiedlichen Zeiten da gehaust hatten. Wenn die Neandertaler keine Höhlen fanden, bauten sie sich wahrscheinlich Zelte, Holzhütten oder einfache Steinbauten. So hatten sie auch im Winter eine geschützte Feuerstelle.

Wenn die Neandertaler nicht jagen mußten, fertigten sie Steinwerkzeuge und Jagdwaffen an. Sie waren darin schon wesentlich geschickter als noch der Homo erectus, von dem sie abstammten. Sie konnten beispielsweise schon richtige Steinmesser herstellen oder feuergehärtete Speerspitzen. Auch ihr Gehirn ist schon größer als das des Homo erectus. Man kann es mit der Gehirngröße heutiger Menschen vergleichen. Bei

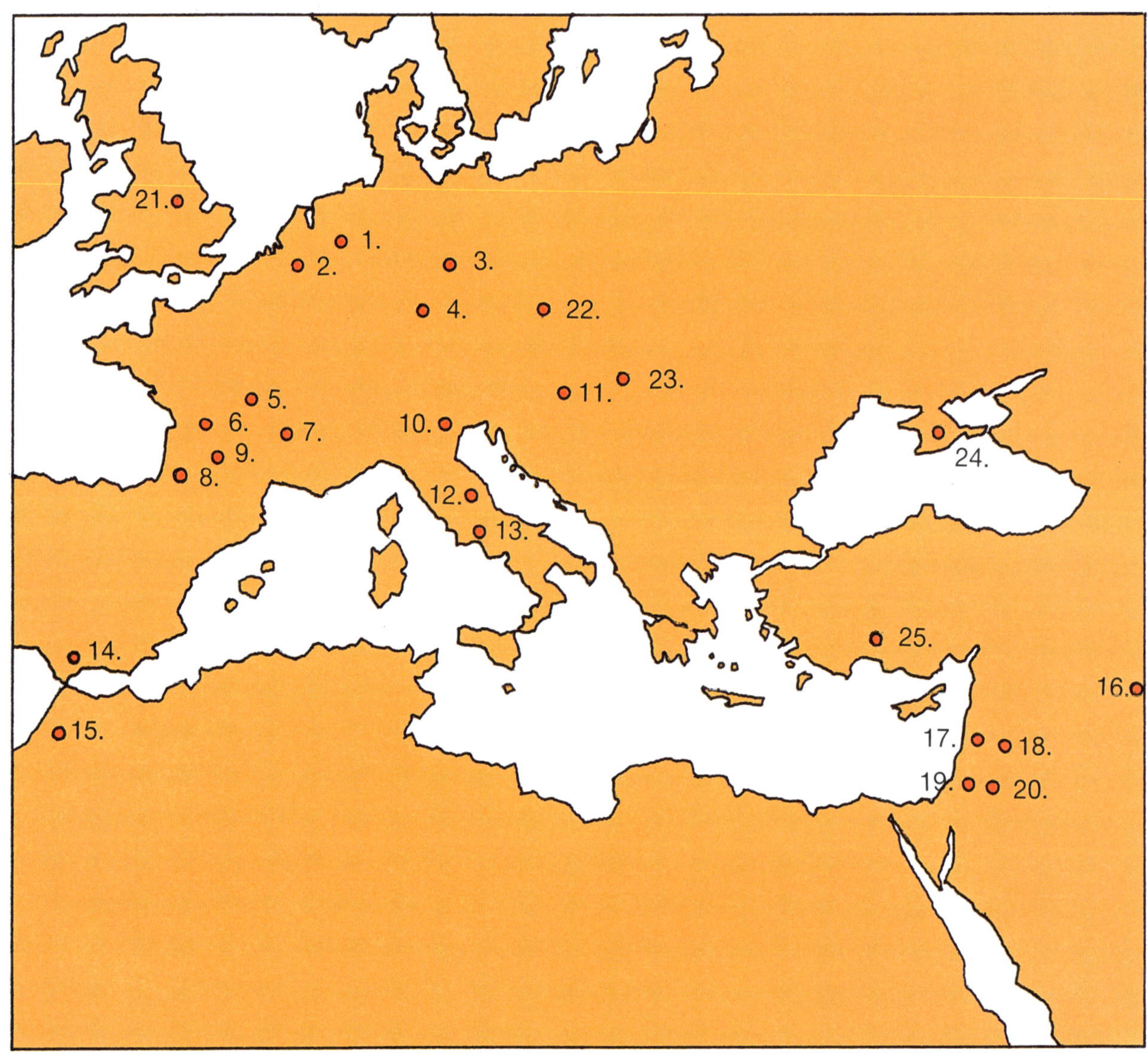

In Europa und im Nahen Osten wurden an 25 Orten Spuren von Neandertalern gefunden:

1. *Neandertal*
2. *Spy sur L'Orneau*
3. *Ehringsdorf*
4. *Steinheim*
5. *Fontéchevade*
6. *La Quina*
7. *La Chapelle*
8. *La Ferrassie*
9. *Le Moustier*
10. *Quinzano*
11. *Krapina*
12. *Saccopastore*
13. *Guattari*
14. *Gibraltar*
15. *Sidi abderrahman*
16. *Shanidar*
17. *Mugharet et Skul*
18. *Mugharet et Tabun*
19. *Wadi Amud*
20. *Qafzeh*
21. *Swanscombe*
22. *Gánovce*
23. *Subalyuk*
24. *Kiik-Koba Aman-Kutan*
25. *Jagca Köy*

vielen der 300 gefundenen Schädel von Neandertalern war das Gehirnvolumen sogar noch größer als beim heutigen Menschen, über 1400 Kubikzentimeter.

Wann genau aus dem Homo erectus die Neandertaler hervorgingen, ist noch ungeklärt. Es gibt viele verschiedene Neandertaler, afrikanische, asiatische und europäische. Der „klassische" Neandertaler lebte etwa vor 100 000 bis 35 000 Jahren in Europa. Frühe Neandertaler, sogenannte *archaische Neandertaler*, gab es aber schon vor 300 000 bis 400 000 Jahren.

Alle Neandertaler gehören schon zur Gattung *Homo sapiens*, zum „denkenden Menschen". Ihr wissenschaftlicher Name ist darum *Homo sapiens neandertalis*.

Auch die Urmenschen der Vorzeit hatten ihre Kulte. Irgendwann waren sie intelligent genug, um sich Fragen über ihr Leben, über das Woher, Wohin und Warum zu stellen. Sie entwickelten erste einfache religiöse Vorstellungen. Sie huldigten Naturgottheiten wie Tieren oder Gestirnen. Vielleicht veranstalteten sie auch finstere und grausame Kulte mit Menschenopfern und Kannibalismus, von deren Schrecken wir uns heute kein Bild mehr machen können.

Genauere Kenntnisse von menschlichen Kulten liegen erst seit den Neandertalern vor. Die Neandertaler waren somit die ersten Urmenschen, die schon ein „geistiges Weltbild" hatten.

Was ist ein Kult?

„Ich taufe dich im Namen des Vaters und des Sohnes und des Heiligen Geistes", spricht der Pfarrer feierlich. Die Kirchengemeinde schaut andächtig zu, wie er dem Säugling einige Tropfen Weihwasser über die Stirn gießt. Mit dieser Handlung ist das Kind in die Gemeinde der Gläubigen aufgenommen.

Eine Taufe ist ein christlicher Kult. Das Wort Kult kommt von lateinisch „cultus" und bedeutet soviel wie „Verehrung" oder „Pflege". Es geht dabei immer um genau festgelegte feierliche Handlungen, die mit der Verehrung Gottes oder eines höheren Wesens zu tun haben. Wie der Kult ablaufen soll, das bestimmt der *Ritus* eines Kultes. Der Ritus enthält alle Handlungsanweisungen.

Kulte gibt es nicht nur in der christlichen Kirche. Eingeborene Stämme in Afrika führen kultische Tänze auf, um Geister anzurufen. Die *Hindu* in Asien opfern ihren Göttern Speisen und Getränke. Die alten Ägypter betrieben eine kulthafte Sonnenverehrung. Ihr oberster Gott war der Sonnengott *Re*.

Ein Pueblo-Indianer der Gegenwart führt einen kultischen Tanz auf, bei dem jeder Schritt genau vorgeschrieben ist.

Was war der Höhlenbärenkult?

Stumm stehen die Männer da. Jeder trägt eine Fackel in der Hand, und die kleine Höhle, in der sie sich versammelt haben, ist von dem flackernden Licht erhellt. An der hinteren Höhlenwand sind Steinplatten zu einer Art Altar aufgebaut. In der Mitte des steinernen Aufbaus ruht der mächtige Schädel eines Höhlenbären. Seine langen Eckzähne ragen bedrohlich weit aus dem Maul hervor.

Einer der Männer hebt beschwörend die Hände in die Höhe und murmelt etwas. Dabei stampfen die anderen fest mit den Beinen auf und tanzen im Kreis herum. Sie stoßen laute Schreie aus. Nach einer Weile verstummen sie, verneigen sich vor dem Bärenschädel und gehen nach draußen. Sie hoffen, daß sie jetzt bald einen Höhlenbären erlegen können. Diese Jagdbeute bedeutet viel für sie: Fleisch, Fell und neue Knochenwerkzeuge. Deshalb haben sie den Höhlenbärenschädel beschworen, damit er ihnen wieder ein Opfer schenkt.

So könnte der Höhlenbärenkult der Neandertaler ausgesehen haben. Forscher vermuten, daß der Höhlenbär fast wie ein Gott verehrt wurde. Man nennt dieses Verhalten einen Jagdkult; er gilt als Vorläufer der Religion.

Dieser Kult ist entstanden, als die Neandertaler in der Würmeiszeit auf Höhlenbären angewiesen waren, um zu überleben. Ohne die großen Beutetiere wären sie in den kalten Wintern verhungert.

Den Bärenschädel auf dem Steinaufbau und mehrere andere Bärenschädel hat man in einer Höhle in den Schweizer Alpen gefunden. Die Höhle heißt *Drachenloch* und befindet sich im *Drachenberg*. Vielleicht ist das der älteste Altar, der je von Menschen errichtet wurde.

**Wurden die
Neandertaler
begraben?**

Mitten in der geräumigen Höhle liegt der Tote. Alle Bewohner der Höhlensiedlung haben sich um ihn versammelt und starren auf die Leiche. Er war ihr bester Jäger gewesen. Sie können kaum glauben, daß er sich nicht mehr rührt, nachdem er heute nachmittag von der Steilwand gestürzt ist. Beschwörend schauen sie ihn an und hoffen, daß er wieder zu sich kommt.

Aber nichts hilft. Schließlich bleibt ihnen nichts anderes übrig, als mit Hörnern und spitzen Knochen eine Grube in den sandigen Höhlenboden zu scharren. Darin betten sie ihn hinein. Er soll bequem liegen, falls er vielleicht doch noch aufwacht.

Genau bekannt ist der Begräbniskult der Neandertaler nicht. Denkbar ist, daß das erste Grab als eine Art Bett gedacht war, in dem einer ruhen sollte. Mit Sicherheit wissen wir, daß die Neandertaler die ersten Urmenschen waren, die anfingen, ihre Toten feierlich zu beerdigen. Aus der Zeit des Homo erectus liegen keinerlei Funde vor, die auf Begräbnisse hindeuten.

Das älteste bekannte Grab der Menschheit wurde in *Le Moustier* in Frankreich entdeckt. Darin lag ein junger Neandertaler, dem man Tierknochen, Waffen und vielleicht auch Speisen beigegeben hatte. Im heutigen Irak fand man sogar ein Grab, in das Blumen gestreut worden waren. Es ist etwa 50 000 Jahre alt.

Ein Glückstag für
die Neandertaler:
Ein fettes Wollnas-
horn ist in ihre Falle
geraten.

Wie wurde ein Wollnashorn erlegt?

Die Höhlenbewohner heben eine tiefe Fallgrube aus. Die flachen Schulterblätter eines Mammuts dienen ihnen als Schaufeln. Zum Schluß decken sie die Grube mit dicken Ästen und Stöcken zu und legen sich dahinter auf die Lauer.

Auf einmal ertönt ein Schnauben und Schmatzen. Tatsächlich ist ein Wollnashorn aufgetaucht. Es schaut nach links und rechts und schwenkt sein wuchtiges Horn hin und her. Der dicke, zottelige Pelz baumelt ihm um den Bauch. Dann hören die Jäger, wie es kracht und poltert. Sie blicken aus ihrem Versteck auf und sehen, daß das mächtige Tier mit seinen Vorderläufen in die Grube gesackt ist. Sein eigenes Gewicht läßt es über den Grubenrand rutschen. Zusammen mit all den Zweigen und Ästen rauscht es in die Grube.

Die Jäger stürmen hoch und rennen mit ihren Speeren und Stichwaffen aus spitzen Knochen zur Fallgrube. In der Ferne tauchen auch die anderen Bewohner der Höhlensiedlung auf. Sie kommen näher und bestaunen die Beute. Für mindestens zwei Wochen haben sie nun zu essen.

Wie in dieser Szene haben die Neandertaler selbst große Tiere mit Fallgruben zur Strecke gebracht. Vielleicht sahen sie einmal zu, wie so ein Tier in einer natürlichen Grube steckengeblieben ist und nicht mehr hochkam. Von da ab begannen sie, Fallgruben anzulegen.

Stammen wir von den Neandertalern ab?

Ob die heutigen Menschen vom Neandertaler abstammen, ist noch nicht vollständig geklärt. Es gibt zur Erklärung zwei Möglichkeiten:

1. Die Neandertaler stammen vom Homo erectus ab, und wir, die heutigen Menschen, stammen wiederum von den Neandertalern ab. So gesehen wären unter den Neandertalern unsere Urururgroßeltern zu finden.

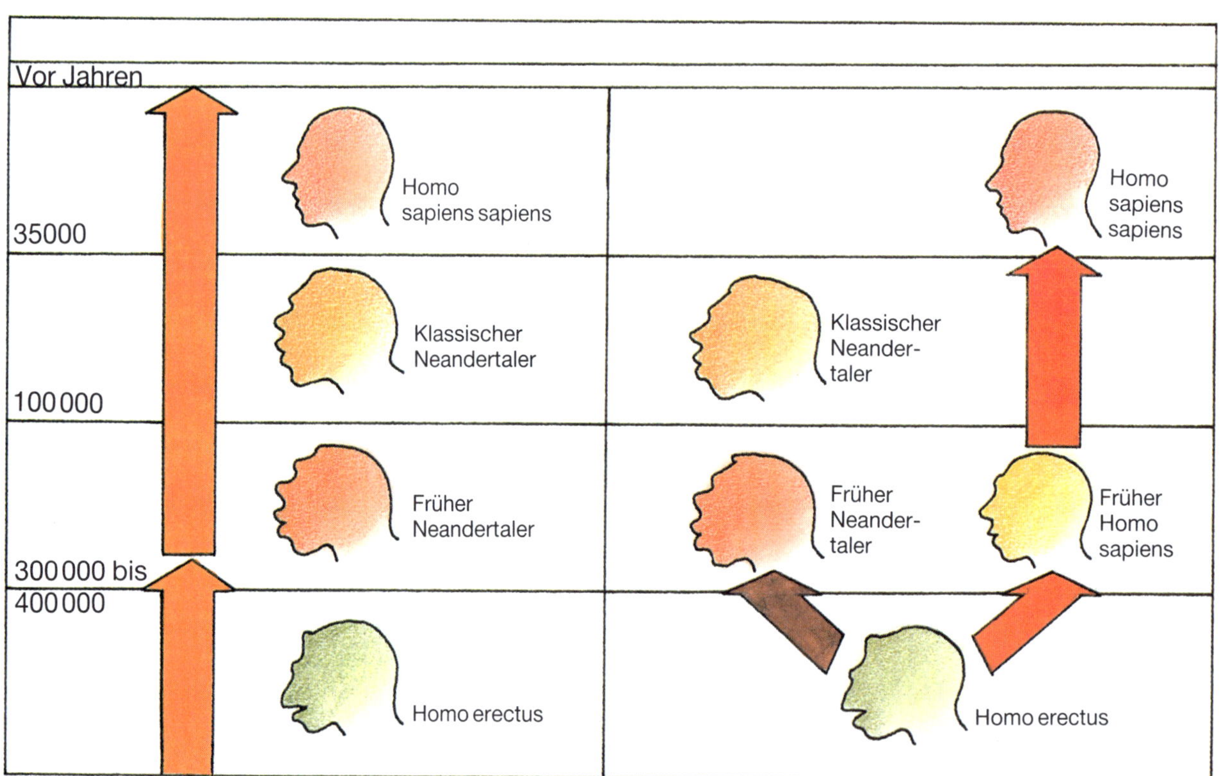

Entweder stammt der Mensch direkt von den Neandertalern ab (links), oder er hatte mit den Neandertalern nur einen gemeinsamen Vorfahren (rechts).

2. Aus dem Homo erectus haben sich auf der einen Seite die Neandertaler entwickelt, sind dann aber nach einem kurzen Entwicklungsweg ausgestorben. Auf der anderen Seite haben sich aus dem Homo erectus andere frühe Homo-sapiens-Formen herausgebildet, von denen wir abstammen. So gesehen wären unsere Urururgroßeltern nur die Geschwister der Neandertaler gewesen.

Was ist aus den Neandertalern geworden? Unendlich weit reichen die Schneewüsten. Die letzte Eiszeit hat Europa fest im Griff. Die Siedlungen der Neandertaler liegen unerreichbar weit voneinander entfernt. Die einzelnen Stämme haben keinen Kontakt mehr zu ihren Nachbarn. Die Urmenschen vermehren sich also immer mehr innerhalb des eigenen Stammes. Als Partner kommen nur noch Verwandte in Frage. Diese als *Inzucht* bezeichnete Verhaltensweise führt schließlich zu Mißbildungen bei den Neandertalern, und sie sterben aus.

So lautet eine Theorie, die das Verschwinden der Neandertaler erklärt. In Gesteinsschichten, die jünger sind als 35 000 Jahre, hat man keinerlei Spuren mehr von ihnen gefunden. Sie müssen am Ende der letzten Eiszeit ausgestorben sein.

Es könnte auch sein, daß es neben den Neandertalern andere Nachkommen des frühen Homo erectus gab. Mit diesen vermischten sich die Neandertaler, und daraus entstand schließlich der moderne Mensch. Mit wissenschaftlichem Namen bezeichnet man ihn als *Homo sapiens sapiens*.

Andere Wissenschaftler glauben, daß höher entwickelte Menschen, die aus Afrika kamen, die Neandertaler bekämpften, besiegten und ganz ausrotte-

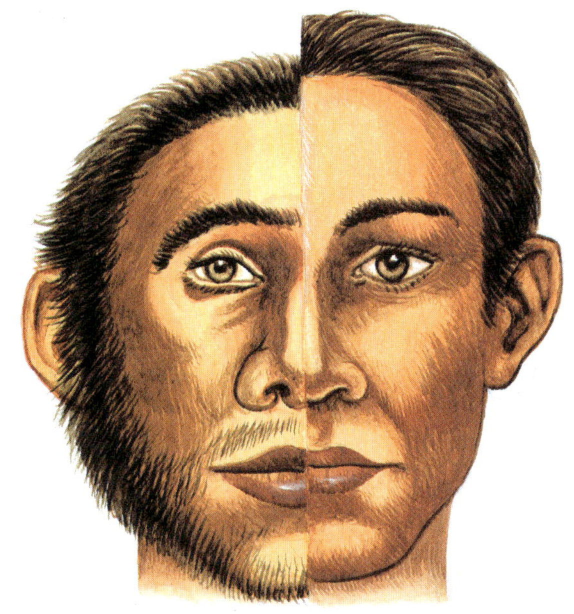

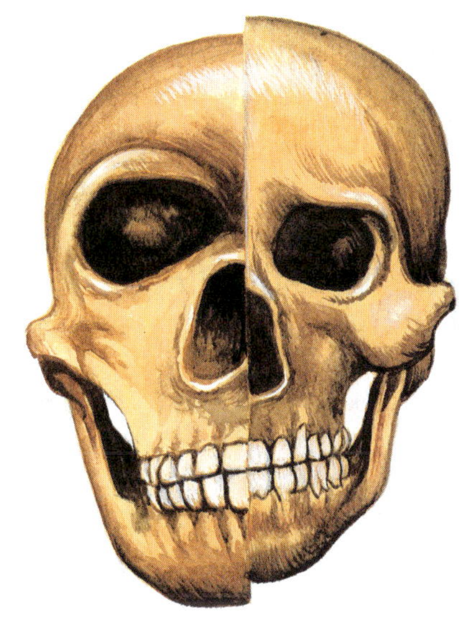

Ein Gesichts- und Schädelvergleich zwischen dem Neandertaler (links) und dem heutigen Menschen (rechts)

ten. Diese Sieger wären dann unsere direkten Vorfahren.

Eine weitere Theorie besagt, daß die Neandertaler während der Eiszeit zuwenig Sonnenlicht abbekommen haben. Das führte zu Vitamin-D-Mangel und damit zu *Rachitis*, einer schweren Knochenerkrankung. Vielleicht sind deshalb auch die Beine der meisten Skelette von Neandertalern leicht gekrümmt. Der Vitamin-D-Mangel hätte diese Mißbildungen auslösen können. Im Laufe der Zeit wären die Neandertaler ganz an der Knochenkrankheit zugrunde gegangen.

Die Cro-Magnon-Menschen

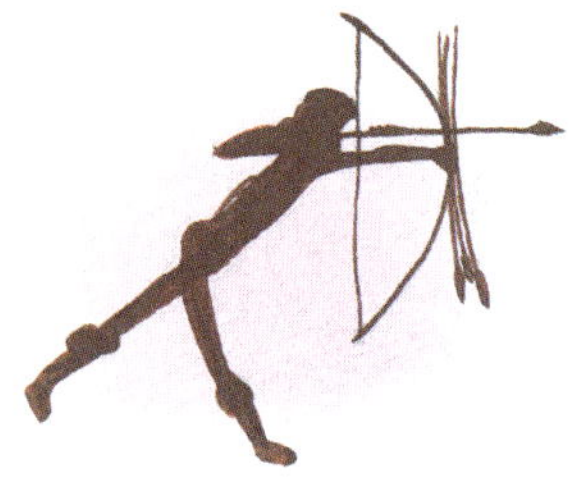

Die ältesten Funde von Menschen, die schon so aussahen wie wir, sind etwa 35 000 Jahre alt. Am felsigen Flußufer der *Vézère* in Frankreich hat man das Grab von drei Männern, einer Frau und einem Kind entdeckt. Das Grab befand sich in einer Höhle, die mit Felsblöcken verschlossen war. Durch Zufall hat man es bei Bauarbeiten freigelegt. In dem Grab lagen neben den Skeletten auch steinzeitliche Waffen und einfache Schmuckstücke aus Knochen, die man den Toten mitgegeben hat. Doch das Bedeutendste an diesem Fund ist, daß die Knochen nicht von urwüchsigen Neandertalern stammen, sondern von Menschen des Typs Homo sapiens sapiens, zu dem auch wir gehören.

Die Schädel weisen schon eine gerade Stirn auf, einen schmalen Nasenteil und ein ausgeprägtes Kinn. Die Erwachsenen konnten etwa 170 bis 180 cm groß werden. Auch die Ausmaße ihres Gehirns entsprachen genau den Ausmaßen unseres Gehirns. Es waren zweifelsohne Menschen wie wir. Die Höhle, in der man ihre Überreste aufgestöbert hatte, trägt den Namen *Cro-Magnon-Höhle*. Deshalb nennt man diese Menschen *Cro-Magnon-Menschen*. Nach ihrer Entdeckung im Jahre 1868 fand man noch viele weitere Spuren von Cro-Magnon-Menschen in ganz Europa. Selbst heute leben noch Menschen, in Schweden oder Westdeutschland, die diesem Menschentyp von damals gleichen.

Am Ende der Altsteinzeit vor 35 000 bis 10 000 Jahren lebten schon mehrere frühe Vertreter des Menschentyps Homo sapiens sapiens. Weil die Cro-Magnon-Menschen die ersten und ältesten von ihnen waren, die man entdeckt hatte, bezeichnet man sie alle allgemein als Cro-Magnon-Menschen.

Auch wenn die Abstammung der Cro-Magnon-Menschen nicht genau geklärt ist, eines weiß man mit Sicherheit: Vor etwa 35 000 Jahren, als die Neandertaler ausstarben, übernahmen die Cro-Ma-

Ein Cro-Magnon-Mensch mit einer Halskette aus Tierknochen und einem Tierzahn

gnon-Menschen die Herrschaft auf der Welt. Und im Laufe von 10 000 bis 20 000 Jahren hatten sich diese frühen Vertreter des Homo sapiens sapiens fast überall auf der Welt durchgesetzt. Alle heute lebenden Menschenrassen, ob Eskimo oder Indianer, ob Europäer oder Afrikaner, gehen auf solche Frühformen des Homo sapiens sapiens zurück.

Wer schnitzte den Eiszeitkopf?

Der *Eiszeitkopf* ist ein kleiner geschnitzter Kopf aus Elfenbein. Das erstaunliche Alter der Schnitzerei beträgt 25 000 Jahre. Der Eiszeitkopf stammt somit noch aus der letzten Eiszeit, an deren Ende die Cro-Magnon-Menschen lebten. Er ist der älteste geschnitzte Menschenkopf, der bislang entdeckt wurde. Bei dem Dorf Dolní Věstonice in der Tschechei hat man ihn ausgegraben. Er ist etwa acht Zentimeter groß und trägt die Gesichtszüge eines Menschen von damals. Wahrscheinlich soll die Abbildung einen Jäger darstellen, der in der kalten Tundra nach Rentieren Ausschau hält.

Neben dem Eiszeitkopf wurde auch ein geschnitzter Frauenkopf der Cro-Magnon-Menschen entdeckt. Leider ist der Frauenkopf nicht gut erhalten. Man sieht aber noch deutlich, daß diese Cro-Magnon-Frau ihre Haare zu einem Dutt hochgekämmt haben muß.

Was malten die ersten Künstler?

„Es ist eine bewundernswerte, neue, unbekannte Welt", sagte *Henri Breuil*, als er das erste Mal in den Höhlen von Altamira war. Der Forscher war gerufen worden, um die prächtigen Höhlenmalereien im Norden von Spanien zu begutachten. In mehrfarbigen, naturgetreuen Bildern

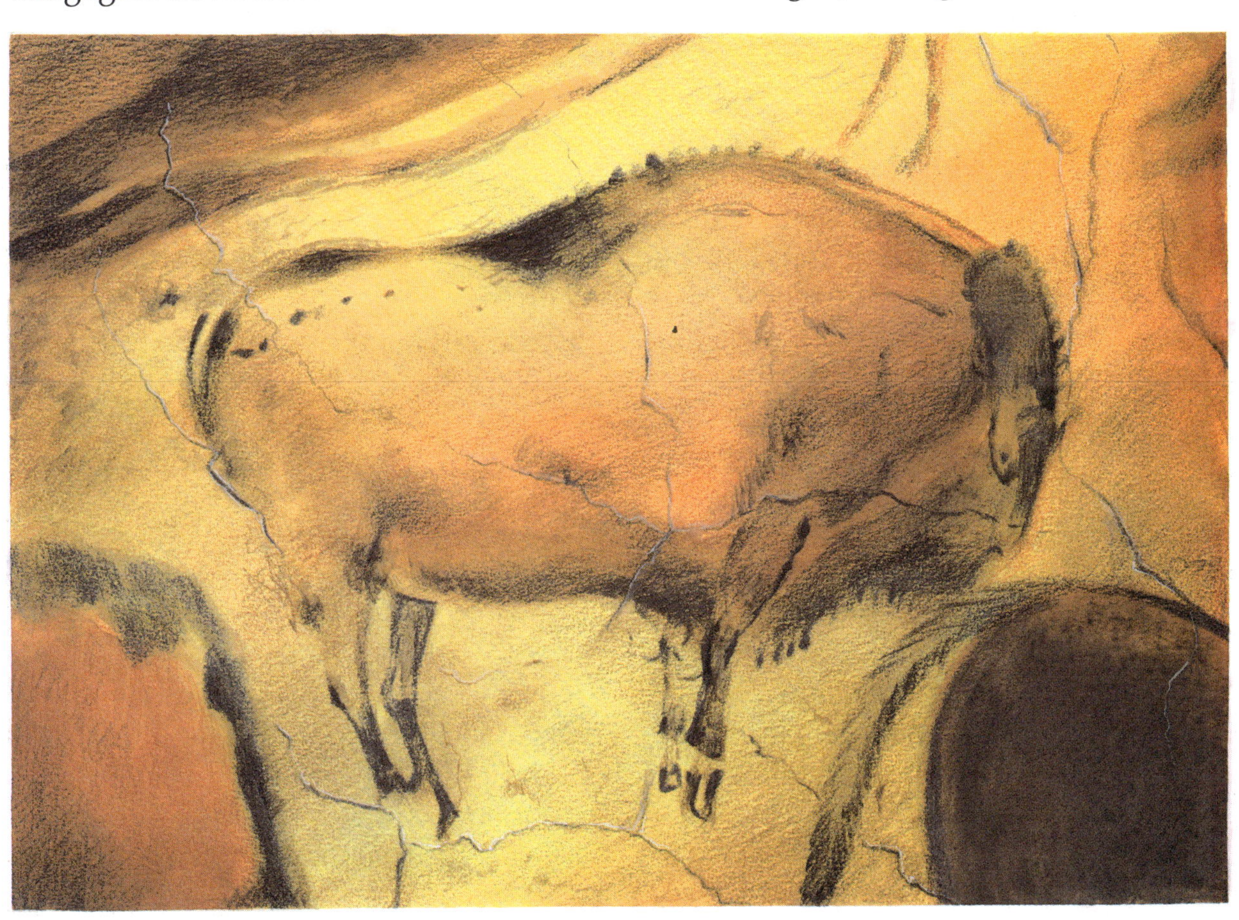

Eine Höhlenmalerei aus der Höhle von Altamira

sind dort viele Tiere an die Decke der Höhle gemalt. Man sieht Bisons, Hirsche, Pferde, Wildschweine und Stiere.

Anfangs glaubte niemand, daß Cro-Magnon-Menschen schon vor fast 30 000 Jahren solche Bilder malen konnten. Doch heute kennen wir Dutzende solcher Höhlen, in Spanien, Frankreich und Nordafrika, die Cro-Magnon-Menschen beeindruckend ausgestalteten.

Am häufigsten sind Tiere auf solchen Höhlenbildern zu sehen. Es gibt aber auch Darstellungen von Menschen, von Jagdszenen oder Symbolen, die wir heute nicht mehr verstehen. In mehreren Höhlen fand man auch *Schablonenabdrükke* von menschlichen Händen. Dabei legte der Steinzeitkünstler seine Hand auf die Höhlenwand und zerstäubte feine Farbe darauf. Dann nahm er die Hand weg und hatte eine genaue Umrißzeichnung von seiner Hand.

An den Darstellungen ist unverkennbar, daß die Cro-Magnon-Menschen schon einen ausgeprägten Sinn für Schönheit entwickelt hatten. Vor den Cro-Magnon-Menschen gab es noch keine Künstler unter den Urmenschen, wenn man von einigen uralten Knochen absieht, auf denen ganz einfache Zeichnungen von Tieren eingeritzt sind.

Es ist nicht bekannt, warum die Cro-Magnon-Menschen so prächtige Höhlengemälde anfertigten. Forscher vermuten, daß die Höhlen weder zu Wohnzwecken dienten noch reine Gemäldegalerien darstellten. Vielmehr könnten sie Kultstätten gewesen sein, wo die Cro-Magnon-Menschen Kraft für die Jagd suchten oder geheime Kulte aufführten, um die Jagdgötter milde zu stimmen. Vielleicht glaubten sie auch, ein Tier dadurch bezwingen zu können, indem sie es aufmalten.

Die Höhlenbilder der Steinzeitmaler wurden mit Erdfarben gemalt. Solche Erdfarben waren einfach herzustellen. Zuerst suchten die Steinzeitmaler nach farbigen Erdklumpen oder farbigen Steinen. Rote Erde beispielsweise enthält Eisenoxyd. Das ist ein Mineral, aus dem man alle Arten von Rottönen herstellen kann, vom Hellrot bis zum Dunkelbraun. Die Steinzeitmaler zerrieben solche Erdklumpen zu Staub. In einer steinernen Schale vermischten sie diesen Staub wahrscheinlich mit Tierblut. In Blut ist Eiweiß enthalten, und das verhärtet, wenn die Farbe antrocknet. So hat der Steinzeitmaler eine haltbare Farbe hergestellt.

Auch in Milch und Eiern ist Eiweiß enthalten. Ein Höhlenforscher hat einmal versucht, die steinzeitlichen Farben selbst nachzumachen. Er vermischte Milch und Eier mit einer Erdfarbe, und siehe da, die Farbe ließ sich gut auftragen und war haltbar.

Dennoch hätten die Farben nicht gleich 20 000 und mehr Jahre überdauert. Dafür gibt es einen anderen Grund. Die meisten Malereien fand man in den Tiefen der Höhlen und nicht gleich am Eingang. Dort findet kein Luftaustausch statt. Die Luft steht immer still, und die Temperatur bleibt fast immer gleich, etwa 8 Grad Celsius. Auch die Luftfeuchtigkeit ändert sich kaum. Das hat den uralten Farben eine Haltbarkeit verschafft, die sie Jahrtausende überdauern ließ.

Ein verhängnisvoller Irrtum

Im Frühjahr 1992 wollte eine Jugendgruppe eine Höhlenmalerei in Südfrankreich von Schmierereien reinigen, die Besucher dort hinterlassen hatten. Dabei schrubbten die Buben aus Versehen zwei 15 000 Jahre alte Bilder von Bisons von den Wänden. Das war ein verhängnisvoller Irrtum.

Ein Cro-Magnon-Mensch bei der Herstellung von Farben

Ein Höhlenmaler bei der Arbeit

Wie wurden Amerika und Australien besiedelt?

Schon vor mehr als einer Million Jahren war der Homo erectus aus Afrika gekommen und hatte Europa und Asien besiedelt. Doch bis Amerika oder Australien ist er nicht vorgedrungen. Das gelang erst seinem Nachkommen, dem Homo sapiens. Die ältesten Spuren von Menschen in Nordamerika und Australien sind 30 000 bis 40 000 Jahre alt.

Die Funde in Amerika zeigen, daß die Besiedelung von Nord nach Süd erfolgt ist. Das Alter der Funde nimmt ab, je weiter man in den Süden vordringt. Im mittelamerikanischen Mexiko ist der älteste Fund nur noch 22 000 Jahre alt und in Brasilien in Südamerika nur 15 000 Jahre.

Ganz im Norden von Amerika liegt Alaska. Es stößt fast an den nördlichsten Ausläufer von Sibirien, das auf der anderen Seite zu Asien gehört. Getrennt werden die beiden Gebiete von einem schmalen Meeresarm, der *Beringstraße*. In der letzten Eiszeit war der Meeresspiegel niedriger als heute. Die vielen Gletscher hatten unglaubliche Mengen von Wasser gespeichert. Als Folge davon war die Beringstraße trocken und bildete eine schmale Landbrücke zwischen Sibirien und Alaska. Auf diesem Weg wanderten die Vorfahren von Indianern und Eskimos von Asien nach Amerika ein.

Auf welchem Weg Australien besiedelt wurde, ist noch unbekannt. Zwischen Australien und der nächstgelegenen Insel Indonesiens in Südostasien liegen fast 80 Kilometer Meer. Und die einzelnen indonesischen Inseln sind weit voneinander entfernt. Entweder gab es auch hier

Die Vorfahren der amerikanischen Indianer kamen aus Sibirien.

Die Aborigines wanderten vor etwa 40 000 Jahren von Südostasien nach Australien ein.

einmal Landverbindungen, oder die Vorfahren der *Aborigines*, der Ureinwohner Australiens, haben schon mit Flößen oder anderen einfachen Wasserfahrzeugen das Meer überwunden.

Wann gab es die ersten Nadeln?

Sorgsam legt die Frau zwei breite Lederlappen aufeinander. Sie nimmt ihre Knochennadel und fädelt einen dünnen Lederriemen durch das Öhr. Mit festen Stichen bohrt sie die Nadel durch die Lederlappen und näht sie zusammen. Das Leder ist sehr zäh, und es ist gar nicht einfach, die Nadel hindurchzustoßen.

Seit die Cro-Magnon-Menschen die Nadel erfunden haben, ist ihre Bekleidung viel besser geworden. Sie waren in der Lage, sich vor allem für den Winter gut sitzende und wärmende Fell- und Ledersachen zusammenzunähen.

Aber so eine Nadel konnte noch mehr. Größere Zeltwände aus vielen einzelnen Lappen oder dichte Wassersäcke aus Leder wurden ebenfalls mit Hilfe von Nadeln angefertigt. In so einem Wassersack konnte man Wasser auf Wanderungen mitnehmen. Man hat ihn aber auch als eine Art Kochtopf benutzt. Die Frauen legten heiße Steine aus dem Feuer in den Wassersack und brachten so eine Suppe zum Kochen. Noch heute erhitzen manche nomadischen Völker auf diese Weise ihr Wasser.

Die ersten Nadeln kamen somit auch dem Zeltbau, der Wasserversorgung und der Kochkunst zugute. Es gab sie vor et-

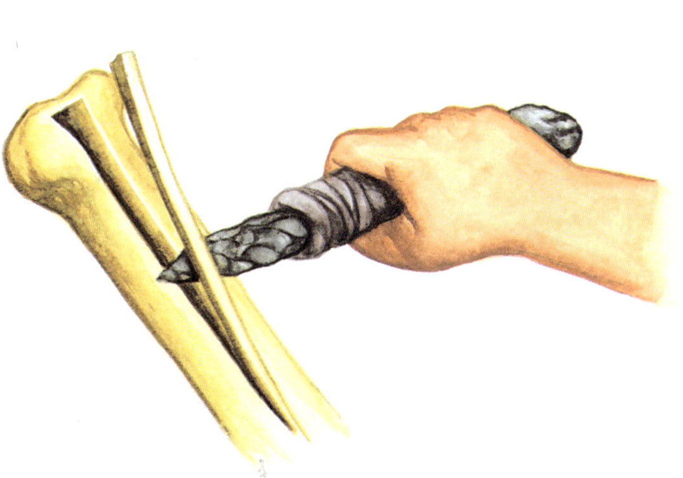

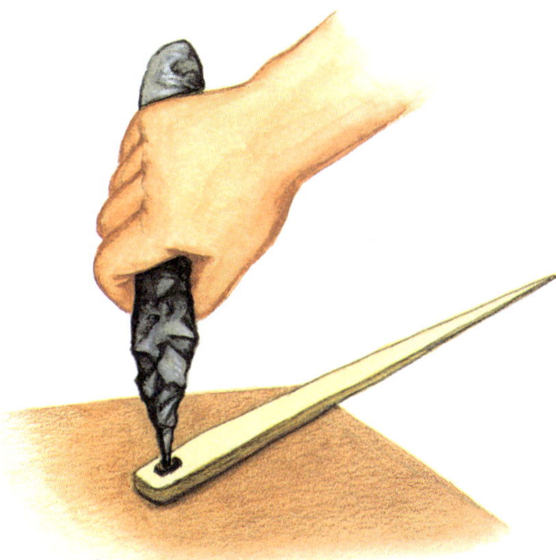

Die Herstellung einer Nähnadel: Zunächst wird aus einem Knochenstück die Nadel mit einem Schneidewerkzeug herausgeschnitzt (links), dann wird sie mit einem Öhr versehen (rechts).

Eine Cro-Magnon-Frau, die Lederstükke zusammennäht

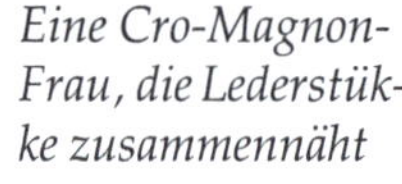

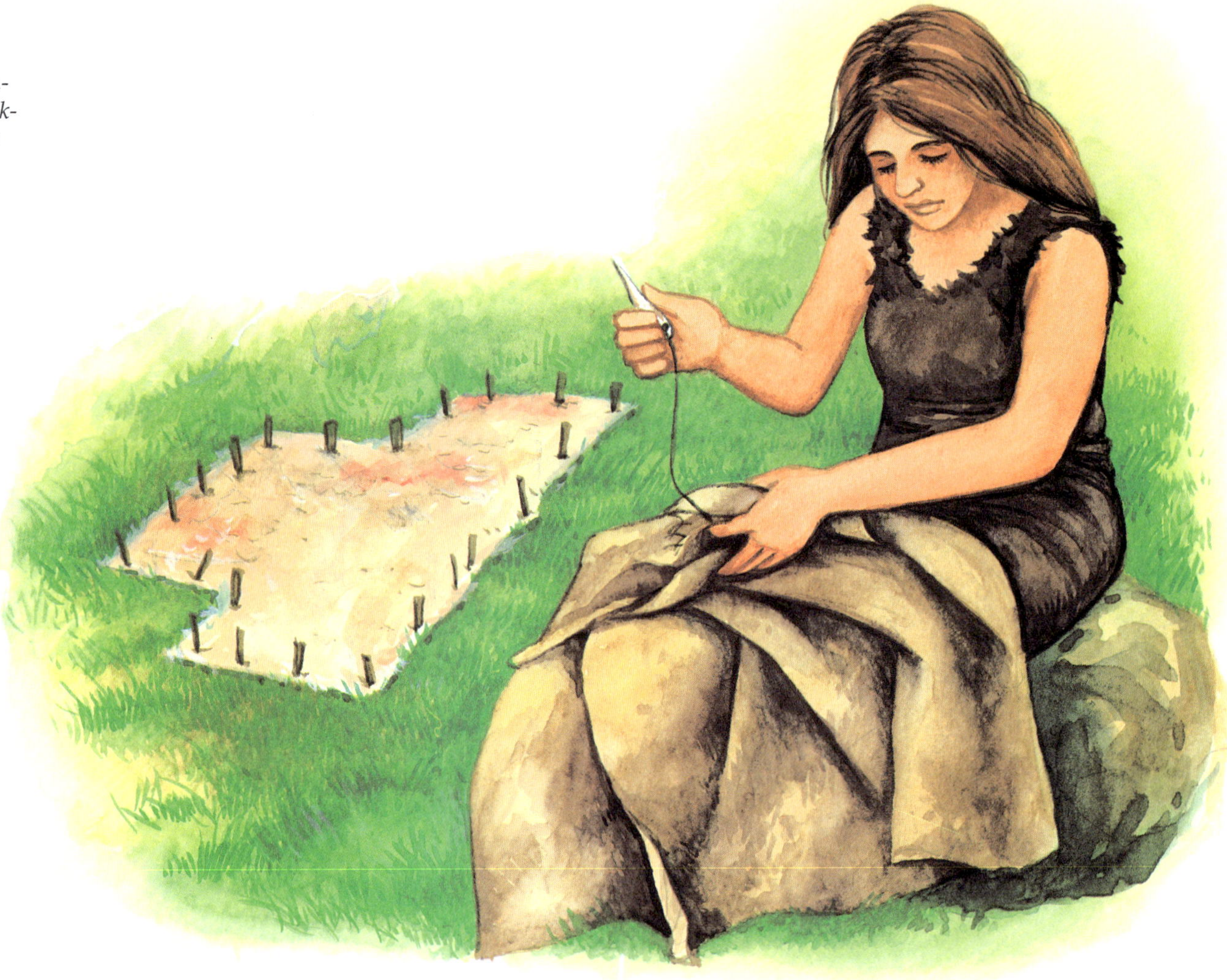

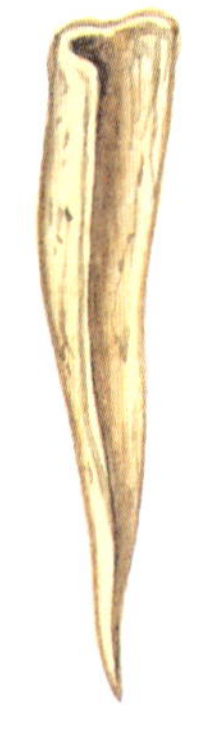

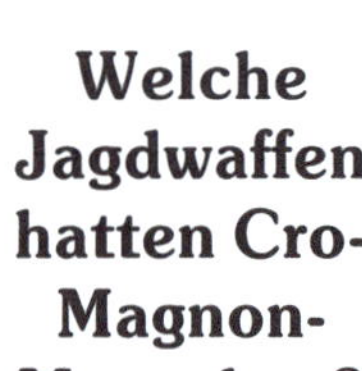

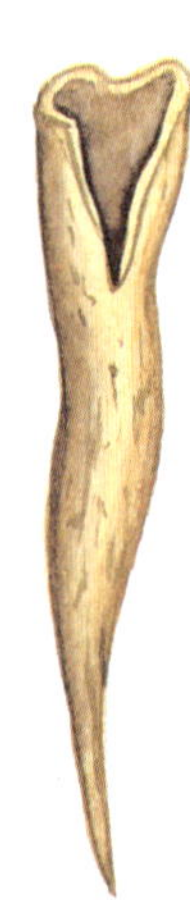

wa 20 000 Jahren. Die ältesten Nadeln, die man bisher gefunden hat, waren aus Knochen oder Elfenbein, vorne angespitzt und hinten mit einem Loch als Öhr versehen.

Welche Jagdwaffen hatten Cro-Magnon-Menschen?

Mit unglaublicher Wucht bohrt sich der Speer in die Brust des Rentieres. Es sackt zusammen, und die Jäger kommen angelaufen, um ihre Beute zu begutachten. Normalerweise ist es sehr schwer, einen Speer mit solcher Kraft zu schleudern, daß ein stattliches Rentier von einem einzigen Treffer schon zu Boden geht. Aber die Cro-Magnon-Menschen hatten eine Erfindung gemacht: einen Wurfstab, mit dessen Hilfe ein Speer viel kräftiger abgeschossen werden konnte als bloß mit der Hand. Man nennt so eine Speerschleuder *Atlatl*.

Eine andere Erfindung der Cro-Magnon-Menschen waren Pfeil und Bogen. Damit konnten sie auch aus größeren Entfernungen auf ein Beutetier schießen. Außerdem kann man mit Pfeil und Bogen eine hohe Treffsicherheit entwickeln.

Die Speer- und Pfeilspitzen der Cro-Magnon-Menschen waren aus feinbearbeiteten Feuersteinen oder spitzen Knochen. Ihre steinernen Speer- und Pfeilspitzen nennt man auch *Weidenblätter* oder *Lorbeerblätter*, weil sie die Form dieser Blätter haben und fast so dünn gearbeitet sind wie Blätter.

Zum Fischefangen schufen sich die Cro-Magnon-Menschen *Harpunen* mit zackigen Knochenspitzen. Erstmals aus

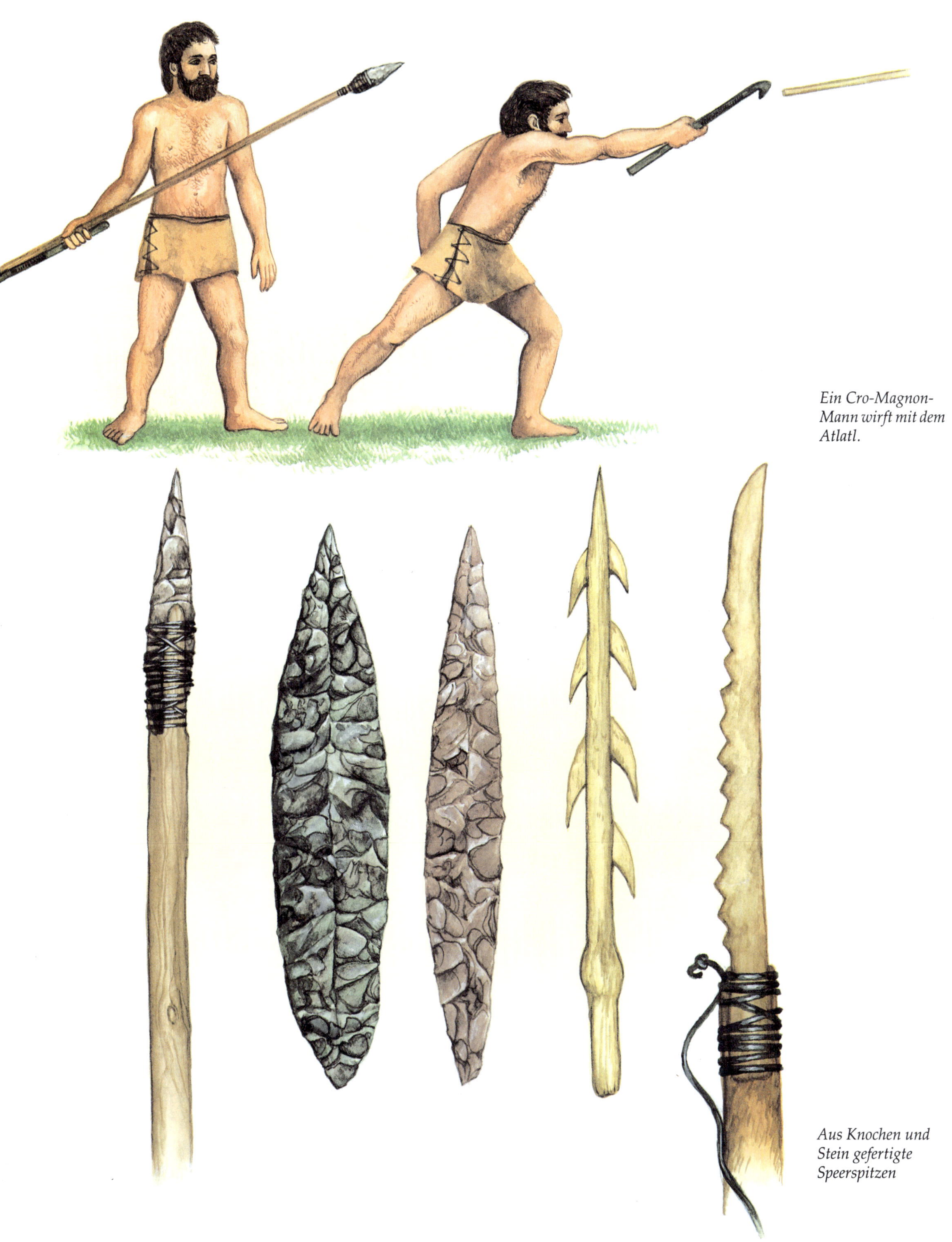

Ein Cro-Magnon-Mann wirft mit dem Atlatl.

Aus Knochen und Stein gefertigte Speerspitzen

ihrer Zeit liegen Harpunenspitzen mit Widerhaken vor.

Etwa 10 000 Jahre vor unserer Zeit spielte gerade der Fischfang in Nordeuropa eine große Rolle. Die letzte Eiszeit war zu Ende, es wurde zunehmend wärmer, und weite, fischreiche Flachwasser und Moore bedeckten große Gebiete Nordeuropas. Dort lebten die Menschen vorwiegend vom Fischfang. Sie hatten Angelhaken aus Knochen und bauten *Reusen* aus Weidenruten. Eine Reuse ist ein geflochtener Korb, in den Fische hineinschwimmen, aber nicht mehr herausschwimmen können.

Die gefangenen Fische wurden zerlegt und die Teile an langen Stöcken in Rauch gehängt. So machte man das Fischfleisch haltbar.

Diese Grundangel hat einen Senkstein und zwei Rindenstückchen als Schwimmer.

Gab es in Předmost Riesen?

Předmost ist ein Dorf in der heutigen Tschechei. Dort ging seit dem Mittelalter eine Sage um. Sie erzählte von schrecklichen Riesen, die in grauer Vorzeit in Předmost gehaust hätten. Beweise dafür sahen die Bewohner von Předmost genug. Immer wieder fanden sie riesige Rippenknochen, Schenkelknochen oder Zähne beim Umgraben ihrer Felder.

Erst im Jahre 1884 wurde das Geheimnis um die Riesen von Předmost gelöst. Die Forscher *Jindřich Wankel* und *Karl Máska* entdeckten Ascheschichten und Speerspitzen von steinzeitlichen Jägern bei den „Riesenknochen". Es stellte sich heraus, daß die Knochen von Mammuts stammten, die vor 20 000 Jahren erlegt worden waren. Doch da die Menschen im Mittelalter nichts von den ausgestorbenen Riesentieren wußten, haben sie bei den Knochenfunden eben an leibhaftige Riesen gedacht.

Trotzdem war etwas an den Funden erstaunlich. Die Steinzeitjäger hatten nämlich unglaublich große Mengen von Mammuts zur Strecke gebracht. Es lagen so viele Knochen im Erdreich, daß sie später als Dünger verkauft wurden und sogar als Schotter für einen Bahndamm Verwendung fanden.

Warum begannen Menschen, sich zu schmücken?

Am Ende der Altsteinzeit begannen die Menschen, Schmuck herzustellen. Sie bastelten sich Halsketten aus Schneckenhäusern, Muscheln, Fuchszähnen und Wolfszähnen. Sie bohrten Löcher in die Muscheln und Zähne und zogen dann einen Lederriemen durch. In *Mainz* hat man sogar eine ganze Werkstatt gefunden, in der Schmucksachen gefertigt wurden. Besonders versteinerte

69

Schneckengehäuse hatten es den steinzeitlichen Schmuckherstellern angetan. Sie konnten sich eine Versteinerung noch nicht erklären, und so gaben sie diesen seltsamen Fundsachen wahrscheinlich geheime Bedeutungen. Wer so eine Halskette aus versteinerten Muscheln trug, glaubte vermutlich an einen Zauber, der ihn schützen sollte. Schmuckstücke wären somit *Amulette* gewesen, denen geheime Kräfte nachgesagt wurden.

Möglich ist auch, daß Schmuckstücke jemanden kennzeichnen sollten, zum Beispiel, ab wann ein heranwachsendes Mädchen als heiratsfähige Frau in Frage kam. Forscher nehmen an, daß am Ende der Steinzeit die Ehepartner aus anderen Sippen kommen mußten. Wahrscheinlich war es verboten, daß Verwandte miteinander Kinder hatten. Und für Sippen-

fremde war es natürlich von großem Interesse, zu erkennen, welche Frauen noch frei waren.

Belegt ist jedenfalls, daß seit den Cro-Magnon-Menschen ein reger Austausch zwischen einzelnen Stämmen und Sippen stattfand. Manchmal wanderten diese Steinzeitmenschen viele hundert Kilometer weit, um zu einer anderen Sippe zu gelangen. Damit begann auch der Austausch von Waren und Ideen. Es könnte sein, daß Schmuckstücke dabei eine Rolle spielten: als erste Zahlungsmittel.

Selbst in unserem Jahrhundert gibt es noch steinzeitlich lebende Urstämme, die mit Muschelgeld bezahlen. Für diese Menschen ist eine Halskette, die aus schönen Muscheln hergestellt wurde, so viel wert wie ein kleines Vermögen.

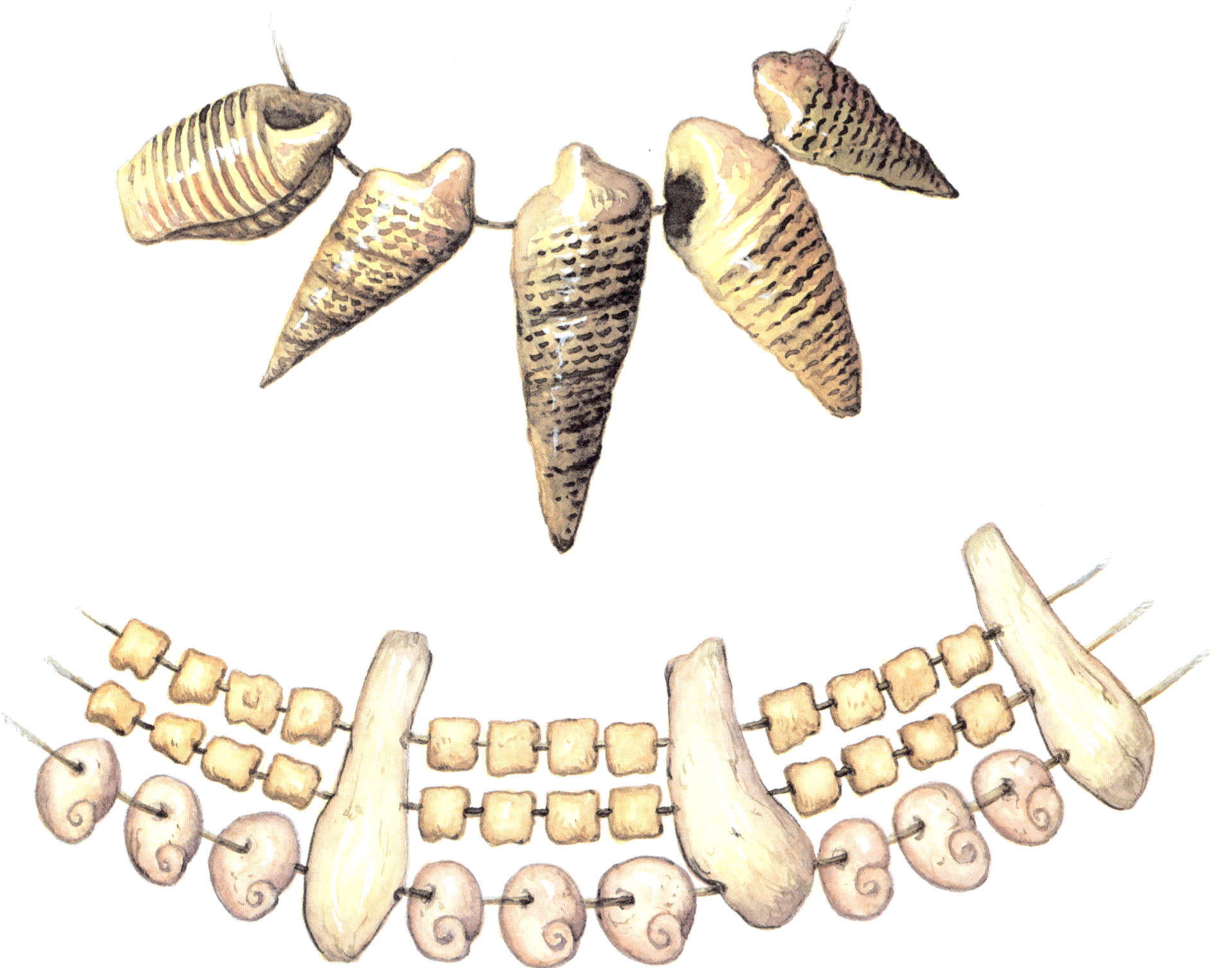

Halsketten der Cro-Magnon-Menschen: Aus Muscheln (oben) und aus Fischwirbeln, Schneckengehäusen und Hirschzähnen (unten)

Am Ende der Steinzeit

Die jüngere Altsteinzeit war die Zeit der Cro-Magnon-Menschen. Sie begann vor etwa 35 000 Jahren und endete vor ungefähr 10 000 Jahren. Zu diesem Zeitpunkt war auch die letzte Eiszeit vorüber, und die Menschen brauchten nicht mehr gegen Kälte und ewigen Winter anzukämpfen. Sie hatten nun Kräfte frei, um sich in vielen Bereichen weiterzuentwickeln. Es folgten die kurzen Abschnitte der *Mittelsteinzeit* und *Jungsteinzeit*.

Die Jungsteinzeit ging vor etwa 3000 bis 5000 Jahren zu Ende. Genau kann man diesen Zeitpunkt nicht angeben, denn es gab bereits auf allen Kontinenten Menschen, die sich unterschiedlich und unabhängig voneinander fortentwickelten. So erfanden die Völker in Nordafrika und Südosteuropa als erste die Metallbearbeitung, das Schmelzen von Kupfer oder Gold und später auch die Herstellung von Bronze. Im Lauf der Zeit verbreiteten sich diese Kenntnisse in Mittel- und Nordeuropa und leiteten auch dort das Ende der Jungsteinzeit ein.

In der Jungsteinzeit waren Feuersteine immer noch ein wichtiger Rohstoff für den Werkzeugbau. Doch die Feuersteine wurden nicht mehr wie früher nur behauen, sondern jetzt auch geschliffen, durchbohrt und fein säuberlich bearbeitet. Um an die Feuersteine heranzukommen, gruben die Menschen tiefe Stollen.

Sie hatten richtige Feuersteinbergwerke. In der *Bretagne* in Frankreich, im belgischen *Hennegau* und im Südosten Englands hat man solche Feuersteinbergwerke gefunden. Manche bestanden aus Hunderten von Schächten und waren über fünfzehn Meter tief. Beleuchtet hat

Ein Holzgriff mit spitzer Feuersteinklinge

man die Schächte mit einfachen *Fettlampen* und Fackeln. So eine Fettlampe war eine Schale mit Griff aus Stein oder Knochen, in der ölige Tierfette langsam abgebrannt werden konnten.

Gab es in der Steinzeit Waldsterben? Einer der bedeutendsten Entwicklungsschritte in der Jungsteinzeit war, daß viele Menschen seßhaft wurden. Sie gaben die nomadische Lebensweise auf und siedelten sich an. Sie betrieben Ackerbau und begannen, Haustiere und Nutztiere zu züchten. Damit wurden die Menschen unabhängig vom Jagen und Sammeln. Sie stellten sich ihre Nahrung direkt vor der Haustür selbst her. Doch damit waren sie auch gezwungen, ihre Anbaugebiete, Weiden und Vorräte gegen räuberische Stämme zu schützen, die noch der nomadischen Lebensweise verbunden waren. Es entstand der Konflikt zwischen *Nomaden* und *Seßhaften*, den man noch heute bei einigen Stämmen in Afrika beobachten kann.

Die Seßhaften errichteten Schutzbauten, Pferche, Mauern und bald auch steinerne Häuser und legten so den Grundstein für die ersten Dörfer und Städte. Das nötige Holz zum Bauen und Heizen lieferten die Wälder, und so verschwan-

Neben Steinen und Lehm war Holz das wichtigste Baumaterial in der Jungsteinzeit.

den am Ende der Steinzeit große Waldgebiete aus Europa. Mit Steinäxten und mit Brandrodungen verursachten die Menschen damals ein Waldsterben. Doch dafür gewannen sie große Weideflächen und fruchtbare Äcker.

Wann kam der Mensch zum Hund?

Hunde sind die ältesten Haustiere. Wahrscheinlich wurden gezähmte Wölfe schon vor 12 000 Jahren die Begleiter des Menschen. Die Gewöhnung wilder Tiere an das Haus nennt man *Domestikation*. Die Domestikation erfolgte meist durch die Aufzucht von Jungtieren. Da die Wölfe dem stärksten Wolf, dem Rudelführer, bedingungslos gehorchen, war es nicht schwer für die Menschen, die Stelle des Rudelführers einzunehmen und so die Wölfe zu zähmen. Alle heutigen Haushunde, ob Schäferhund, Pudel oder Dakkel, stammen von gezähmten Wölfen ab.

Das älteste Fundstück eines domestizierten Tieres ist der Kieferknochen eines Hundes. Er wurde in einer Höhle im Irak gefunden und ist etwa 12 000 Jahre alt.

Am Niederrhein fanden Wissenschaftler den komplett erhaltenen Schädel eines Hundes. Man rekonstruierte, daß es sich um ein kleines Tier gehandelt haben mußte, das in seiner Entwicklung vom Wolf schon ziemlich weit entfernt war. Der Schädel hat schätzungsweise ein Alter von 10 000 Jahren. Es fanden sich Schnitte an den Schädelknochen. Daraus schließen die Wissenschaftler, daß der Hund von seinem Besitzer geschlachtet und verzehrt wurde.

Auf Felsbildern in Spanien sind Hunde als Jagdhelfer dargestellt. An Bedeutung gewannen diese Haustiere, als sich die Menschen am Ende der Steinzeit auch größere Viehherden hielten. Da setzte man die Hunde als Hirtenhunde ein. Im Lauf der Jahrtausende wurde der Hund einer der besten Freunde des Menschen.

Wie arbeiteten die Töpfer?

Mit beiden Händen schabt eine Frau Klumpen nasser Tonerde aus dem Boden. Als sie genug hat, steht sie auf und trägt die Erdklumpen ins Hüttendorf. Andere Frauen erwarten sie schon. Jede nimmt einen der Klumpen, knetet ihn und formt eine Schale, einen Becher oder ein anderes Gefäß daraus. Sie rollen runde Steine in den grob geformten Gefäßen hin und her; so erhalten sie die gleichmäßig dünnen Gefäßwände. Die Männer des Dorfes haben in der Zwischenzeit einen hohen Stapel aus trockenem Holz aufgetürmt. Die Frauen bringen ihre Tongefäße, die schon an der

Alle Haushunde stammen von gezähmten Wölfen ab.

Luft vorgetrocknet sind, und bauen sie sorgsam in den Holzstoß ein. Es entsteht ein kleiner Turm aus Holz und Tongefäßen. Zum Schluß schütten die Frauen Erde über den Stapel und entzünden darunter ein Feuer. Auf diese Weise brennen sie die Tongefäße, bis sie hart sind.

Natürlich hatte so ein Holzfeuer noch nicht die Brennkraft, die ein richtiger Brennofen heutiger Töpfer hat. Auch waren die Gefäße noch nicht so schön rund und gleichmäßig gearbeitet, wie man das mit einer Töpferscheibe machen kann, die sich ständig dreht. Trotzdem brachten die Menschen der Jungsteinzeit schon einfache Tongefäße zustande, die bis heute erhalten geblieben sind.

Die ältesten gebrannten Tongefäße stammen aus dem Iran und sind etwa 3000 Jahre alt.

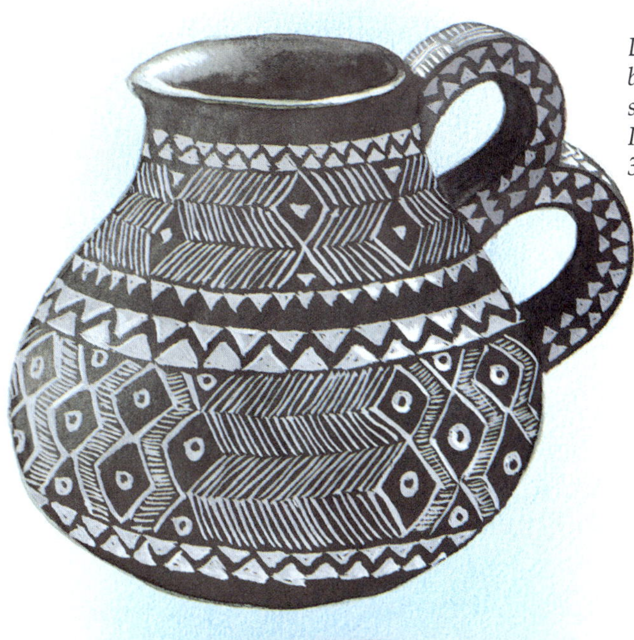

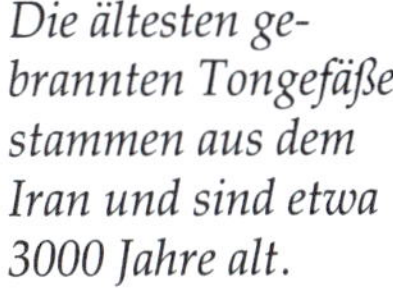

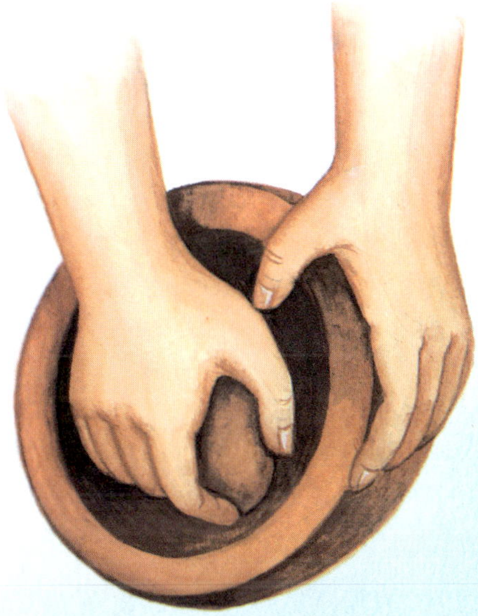

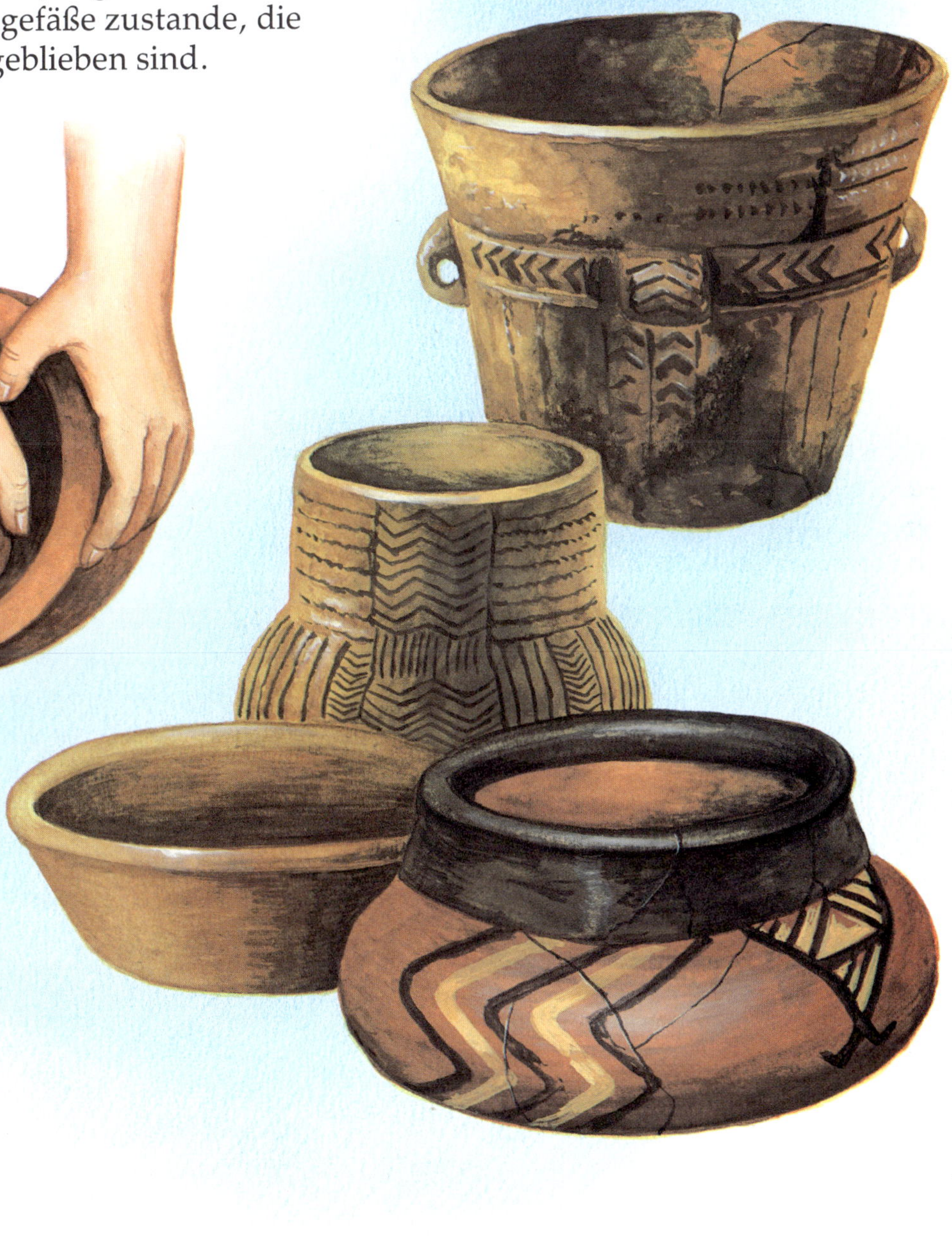

Je nachdem, wie die Tongefäße verziert waren, unterscheidet man sogar mehrere jungsteinzeitliche Kulturen. Da gab es zum Beispiel die *Linienbandkeramiker*, die ihre Tonarbeiten mit feinen Linien versahen, oder die *Stichbandkeramiker*, die Zierbänder aus einzelnen Stichen auf den Tongefäßen anbrachten.

Bevor die Menschen den Ton im Feuer brannten, hatten sie entdeckt, daß nasse Tonerde an der Luft trocknet und fest wird. Erst später kamen sie dann darauf, den Ton zusätzlich im Feuer zu härten. Vielleicht hatte jemand aus Versehen einmal ein luftgetrocknetes Tonstück ins Feuer geworfen und gemerkt, daß es dadurch härter wird. Das war der erste Keramiker, oder besser, die erste Keramikerin. Forscher vermuten nämlich, daß die Töpferei von den Frauen erfunden wurde.

Wie arbeiteten die ersten Bauern? In mühevoller Kleinarbeit mußten die steinzeitlichen Bauern ihre Sicheln zusammenbauen. Es waren halbrunde Hölzer, in die viele kleine Steinklingen eingepaßt wurden. Sorgfältig mußten tiefe Kerben in die Hölzer geschnitten werden, damit die Feuersteinklingen auch wirklich hielten.

Solche groben Eisensicheln lösten die Feuersteinsicheln etwa 1000 v. Chr. ab.

Mit diesen Sicheln schnitten sie den Weizen. Anschließend bündelten sie ihn und trugen ihn ins Dorf. Dort wurde er mit großen Holzknüppeln gedroschen, bis alle Körner aus den Ähren herausfielen. Manche Bauern zogen auch schwere Holzbalken über den am Boden ausgestreuten Weizen. In die Holzbalken hatten sie viele Steinspitzen eingeschlagen. Wenn man solche gezähnten Balken über den Weizen schleifte, dann lösten sich ebenfalls die Körner aus den Ähren.

Danach konnte der Weizen gemahlen werden. Dazu legten die ersten Bauern immer eine Handvoll Körner auf einen flachen Stein und zerrieben sie mit einem Mahlstein. Als das Mehl fertig war, konnte es mit Wasser oder Milch vermischt zu einem Brei verarbeitet werden. Aus ihm formten die Frauen einfache Brotfladen oder kuchenähnliche Stücke.

Die ersten Spuren von Weizenbauern stammen aus dem heutigen Irak und sind über 7000 Jahre alt. Jahrhunderte später wurden dort auch Gerste, Linsen und Erbsen gezogen. Nachdem die Menschen im Nahen Osten angefangen hatten, systematisch Ackerbau zu betreiben, verbreiteten sich ihre Kenntnisse auch langsam bis nach Europa.

Wahrscheinlich hatten Menschen lange vor dem Ackerbau wildes Getreide gesammelt. Dann kamen sie auf die Idee, es selbst anzubauen. Dazu waren vor allem zwei Dinge nötig. Sie mußten seßhaft werden, und sie mußten lernen, einen Zeitraum von etwa einem Jahr zu überschauen. Ohne ein solches Zeitgefühl hätten sie die mühselige Arbeit eines Ackerbauern nicht auf sich genommen, der manchmal ein ganzes Jahr warten muß, bis er die Feldfrüchte ernten kann.

Es muß unvorstellbar hart für die ersten Bauern gewesen sein, mit Knochen- oder Holzpickeln und mit einfachen

Steinwerkzeugen ein Feld zu bestellen. Hinzu kommt, daß die Ausbeute ihrer Felder viel geringer war als heute. Es handelte sich ja anfangs nur um den Anbau von Wildpflanzen, die erst im Laufe vieler Jahrtausende zu ertragreichen Nutzpflanzen herangezüchtet wurden.

Neben dem Ackerbau stellte auch die Viehwirtschaft eine neue Errungenschaft der Bauern am Ende der Steinzeit dar. Die ersten Nutztiere, die von Menschen gehalten und gezüchtet wurden, waren Schafe, Ziegen und Schweine. Später kamen Rinder hinzu. Knochenfunde an der französischen Mittelmeerküste zeigen, daß vor etwa 6000 Jahren fast die Hälfte des Fleischbedarfs der Menschen mit dem Fleisch von Schafen gedeckt wurde.

Frühling in einem
Dorf in Mitteleuro-
pa um 1500 v. Chr.

Die ältesten Städte

Jericho ist eine der ältesten Städte der
Welt. Es liegt im Westjordanland und hat
heute ungefähr 7000 Einwohner. Schon vor
mehr als 9000 Jahren standen hier Häuser. Es
waren Rundhütten aus Lehmziegeln, und
schätzungsweise beherbergten sie insgesamt 1000 Einwohner. Vor 8000 Jahren
umsäumte dann eine dicke Stadtmauer mit
Türmen die Ansiedlung, die mittlerweile
auf 2000 Bewohner angewachsen war. Es
lebten dort hauptsächlich Getreidebauern,
die Weizen oder Gerste anpflanzten; aber
auch Händler gab es in Jericho, die bis nach
Anatolien in der Türkei gezogen sind, um
Lebensmittel und Gebrauchsgegenstände
auszutauschen.

In Anatolien ist ebenfalls eine uralte Stadt
freigelegt worden. Unter einem Erdhügel
entdeckte der Engländer *James Mellaart* im
Jahre 1958 eine Siedlung aus der Steinzeit,
die vor mehr als 6000 Jahren entstanden ist.
Der Fundort dieser Siedlung heißt Çatal
Hüyük, was soviel wie „Kreuzhügel" bedeutet. Auch in Çatal Hüyük waren die Häuser
aus Lehmziegeln. Und immer, wenn ein
altes Haus baufällig geworden war, wurde
es eingestampft. Darüber hat man dann ein
neues Haus errichtet. So wuchs die Stadt
langsam in die Höhe und stand schließlich
auf einem Hügel.

Bemerkenswert ist, daß die Häuser in
Çatal Hüyük keine Türen hatten. Die
Menschen, die in Çatal Hüyük wohnten,
betraten ihre Häuser über Dachluken. Und
da die Menschen sowieso über die Dächer
laufen mußten, brauchten sie keine Straßen
zwischen den Häusern. In Çatal Hüyük
standen alle Häuser dicht beieinander, es
gab keinerlei Straßen oder Wege dazwischen.

Die Bauern und Handwerker dieser Stadt
huldigten einem merkwürdigen Totenkult.
Sie begruben ihre Toten mitten im Wohn-
zimmer. Am Fußboden hoben sie Gruben
aus, in denen sie die Gebeine der Verstorbe-
nen beisetzten. In einem der Häuser hat man
über 30 Skelette aus dem Fußboden gebor-
gen.

Wer waren die Streitaxtleute? *Sophus Müller*, der Leiter des Nationalmuseums von *Kopenhagen* in Dänemark, war sehr besorgt. Im Jahre 1860 berichtete ihm ein Mitarbeiter, daß die Bauern in *Jütland* reihenweise Grabhügel aus der Vorzeit umpflügten. Bisher hatten die Bauern die seltsamen Felder mit den vielen Hügeln immer gemieden. Sie erzählten gespenstische Geschichten darüber. Doch jetzt brauchten sie neues Ackerland.

Darauf machte sich Sophus Müller kurzerhand mit all seinen Mitarbeitern auf nach Jütland. Der Altertumskundler

wollte für die Wissenschaft retten, was noch zu retten war. Zehn Jahre lang untersuchte er die Gräberfelder, oft sogar gegen den massiven Widerstand der Bauern.

Die Suche hatte sich gelohnt. Sophus Müller war einem völlig unbekannten Volk aus der Jungsteinzeit auf die Spur gekommen. Es hatte ganz eigentümliche Begräbnisbräuche. Fast jeder Tote war unter einem eigenen Hügel begraben. Nur manchmal war über einem Grabhügel noch ein zweiter aufgeschüttet worden. Im Inneren der Erdhügel befanden sich die Gräber. Einige davon waren besonders aufwendig gestaltet. Es waren richtige Häuser aus Holz oder aus flachen Steinplatten in die Erde gebaut worden. Manche dieser Totenhäuser oder Steinkammern waren sogar bemalt – mit geometrischen Mustern oder mit Pfeilköchern und mit Bogen. Die Toten in den Gräbern lagen nie auf dem Rücken, sondern auf der Seite, mit angezogenen Knien. Ihre Gesichter zeigten immer in Richtung Süden.

In jedem Grab, in dem ein Mann beerdigt war, entdeckten die Forscher eine feingearbeitete Streitaxt aus hartem Felsgestein. Sie lag direkt neben dem Toten. Die Forscher nannten deshalb das Volk, das seine Toten auf diese Weise bestattete, die *Streitaxtleute*.

Als Grabbeigabe fand man auch Becher, die mit besonderen Ornamenten verziert waren. Die Muster sind wahrscheinlich so entstanden: Die Töpfer drückten mit einer geflochtenen Schnur Muster in den noch weichen Ton, ehe sie das Gefäß brannten. Manchmal umwickelten sie auch den ganzen Becher mit einer Schnur. Wegen dieser Art der Töpferei werden die Streitaxtleute von den Wissenschaftlern auch die *Schnurkeramiker* genannt.

Ein Gefäß der Schnurkeramiker

Man fand diese Art von Keramik bisher nur in den Gräbern der Streitaxtleute. Ihre Siedlungen und Wohnhäuser sind noch nicht genau erforscht worden. Die Wissenschaftler vermuten, daß es sich bei den Streitaxtleuten um ein Volk handelte, das vor etwa 5000 Jahren aus den Steppengebieten Rußlands nach Mittel- und Nordeuropa eindrang. Sie glauben, daß die Streitaxtleute als Eroberer kamen und die einheimische Bevölkerung, die wohl meist Ackerbau betrieb, unterwarfen. Wahrscheinlich hatten die Schnurkeramiker die besseren Waffen, die Streitäxte.

Was wissen wir vom Gletschermann? Er war etwa 30 Jahre alt und ein Bergjäger, Hirte oder Medizinmann. Früh am Morgen schulterte er Pfeil und Bogen, holte sein Kupferbeil, den Lederbeutel mit den Feuersteinen und das hölzerne Tragegestell hervor. Er wollte losziehen, über den *Similaun-Gletscher* wandern und vielleicht im *Ötztal* Gemsen jagen.

Doch bevor er sich aufmachte, raffte er noch bündelweise Stroh zusammen, das sein Lager bedeckte. Er stopfte das Stroh unter seine Lederkleidung und polsterte sie damit aus. So war er gut gegen die

Um den Gletschermann vom Ötztal ranken sich noch viele Geheimnisse. Wahrscheinlich wurde er unter einer Lawine begraben.

Kälte geschützt, die ihn auf dem Alpengletscher erwartete.

Leider kehrte der Mann von der Jagd nicht mehr heim. Er kam aus noch ungeklärten Gründen um, und das ewige Eis des Gletschers hat dann seinen Leib tiefgefroren und konserviert. Er wurde zu einer *Eismumie*.

Dabei blieben nicht nur seine Knochen bis heute erhalten, sondern auch Muskeln, Herz, Lunge, Haut, Haare und sogar seine strohgepolsterte Lederbekleidung. Das Alter der Eismumie wird mit etwa 5300 Jahren angegeben. Der „Gletschermann", wie die Eismumie vom Ötztal in den Zeitungen genannt wurde, hatte somit am Ende der Jungsteinzeit gelebt.

Besonders aufschlußreich war dieser Fund aus dem Jahre 1991 deshalb, weil der Mann schon ein Beil mit einer Klinge aus Kupfer bei sich hatte. Das zeigte den Forschern, daß der Übergang von der Jungsteinzeit zur Bronzezeit langsam vonstatten ging.

Offenbar hatten die Menschen in Europa erst gelernt, Kupfer zu bearbeiten, bevor sie Bronze herstellen konnten. Sie gewannen das Kupfer aus roten kupferhaltigen Steinen. Diese Steine schmolzen sie im Feuer und erhielten so das flüssige Metall. Dann wurde das Kupfer in Steinformen gegossen, damit es die Form eines Werkzeugs bekam.

Später vermischten die Jungsteinzeitmenschen das Kupfer mit Zinn. Die Verbindung dieser beiden Metalle nennt man Bronze. Dieses Mischmetall läßt sich besser formen als reines Kupfer und ist zudem härter. Seine Entdeckung been-

Das Kupfer wurde geschmolzen und dann in Steinformen gegossen.

dete die Steinzeit, denn nun wurden Waffen, Werkzeuge und Geräte aus dem neuen Material, der Bronze, gegossen. Die *Bronzezeit* begann.

Der Gletschermann lebte also genau in der Übergangszeit zwischen Steinzeit und Bronzezeit. Seine Eismumie stellt einen der bedeutendsten Funde aus dieser Epoche dar. Ein Bergsteigerpaar aus Nürnberg hatte ihn im Similaun-Gletscher in Österreich zufällig entdeckt.

Die Eismumie wird derzeit von Wissenschaftlern aus aller Welt untersucht, und vielleicht kommen dabei noch verblüffende Ergebnisse zum Vorschein. Rätsel geben vor allem zehn Tätowierungen auf, zehn schwarze Striche, die am Rücken des Gletschermannes festgestellt wurden. Vielleicht deuten sie darauf hin, daß er ein Geisterbeschwörer war.

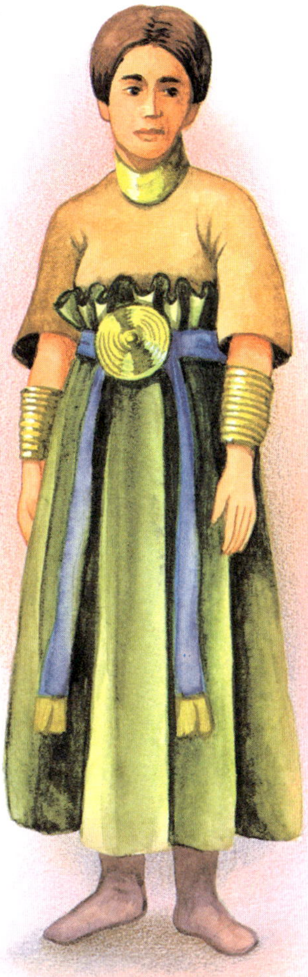

Auf die Steinzeit folgte die Bronzezeit: Kunstvolle Gegenstände aus Bronze ersetzten die groben Steinwerkzeuge der Urmenschen (unten). Die Frauen trugen Schmuck aus Bronze (oben).

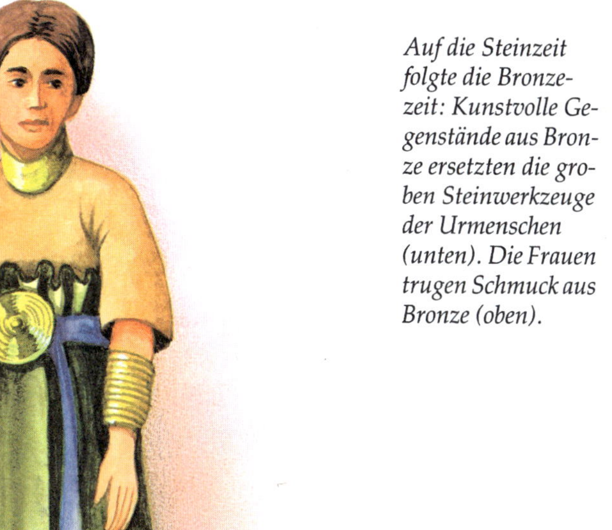

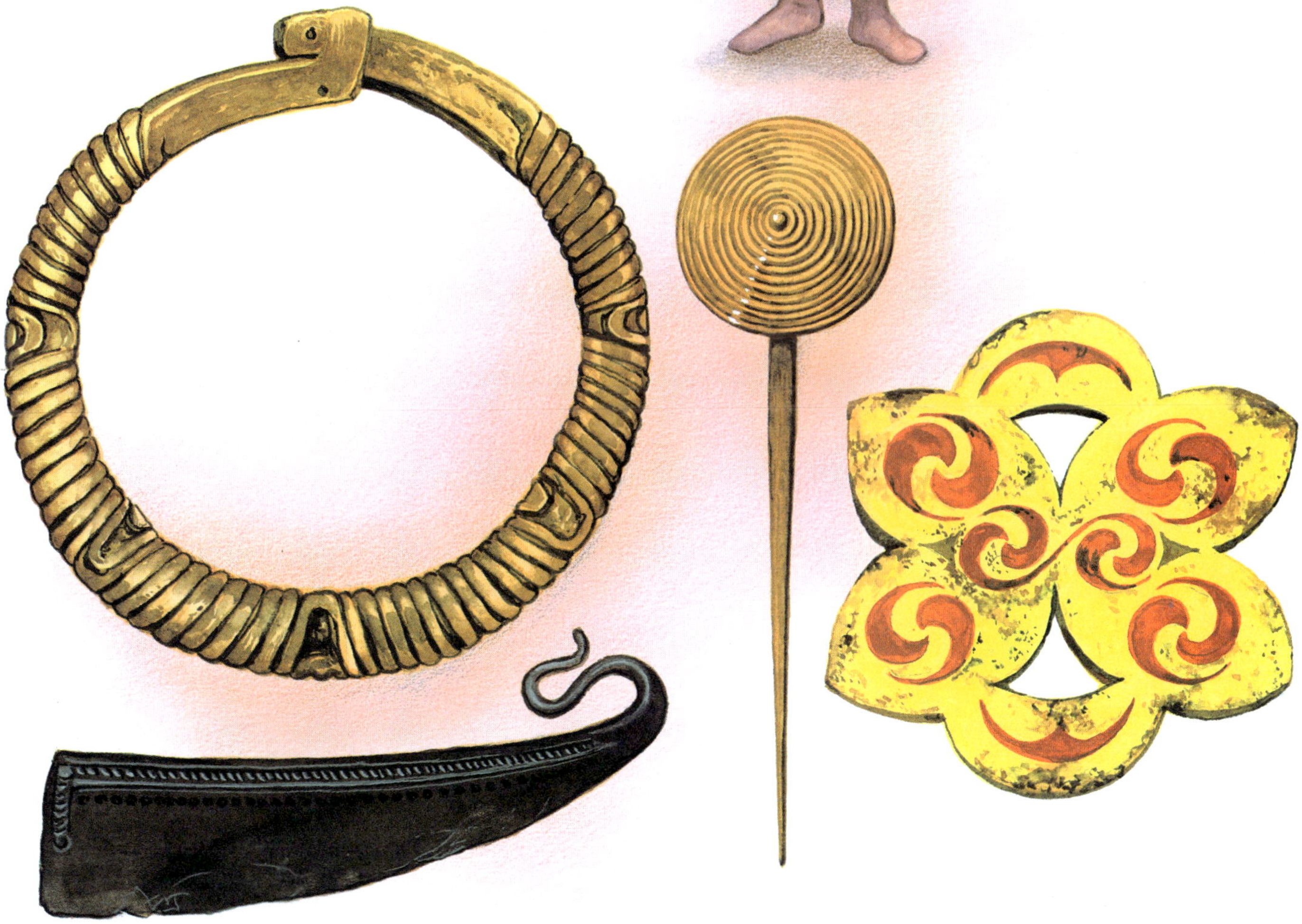

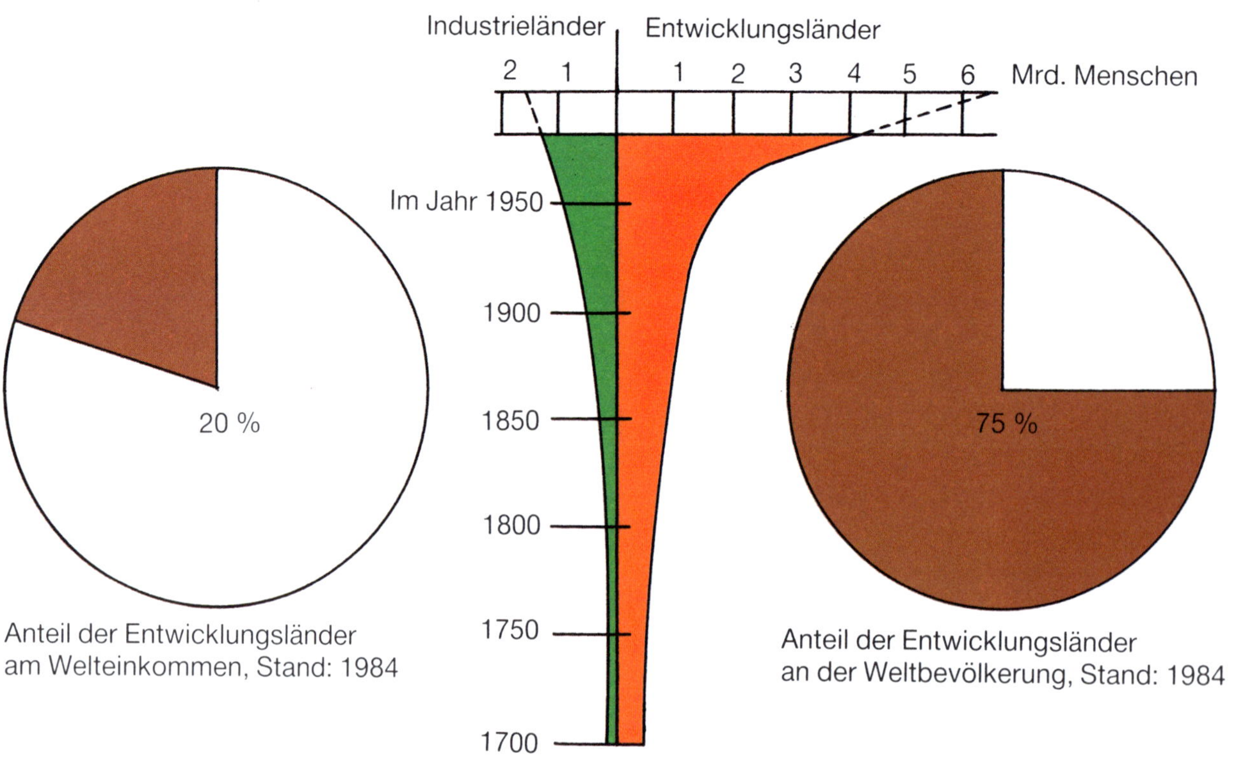

Anteil der Entwicklungsländer am Welteinkommen, Stand: 1984

Anteil der Entwicklungsländer an der Weltbevölkerung, Stand: 1984

Wie stark vermehrte sich die Menschheit?

Heute gibt es über fünf Milliarden Menschen auf der Welt. Das ist eine Fünf mit neun Nullen! Diese unvorstellbar große Zahl von Menschen entstand natürlich nicht in kurzer Zeit. Die allerersten menschlichen Lebewesen, die Ramapithecinen, die schon vor 10 bis 14 Millionen Jahren lebten, waren nur ganz wenige, vielleicht nur einige tausend. Allerdings wissen wir das nicht genau.

Genauer werden die Schätzungen, wenn wir die letzten zwei Millionen Jahre betrachten. Forscher haben errechnet, daß es zu Zeiten des Homo habilis vor 1,8 Millionen Jahren etwa 400 000 Menschen auf der Welt gab.

Vor einer Million Jahren, als der Homo erectus aus Afrika auswanderte, gab es bereits 800 000 Menschen. Vor 100 000 Jahren, als die Neandertaler lebten, waren es an die 1,2 Millionen Erdenbewohner.

Als die Neandertaler vor 35 000 Jahren den Cro-Magnon-Menschen Platz machten, existierten weltweit schon sechs bis acht Millionen Menschen.

Gegen Ende der letzten Eiszeit vor 10 000 Jahren vermehrten sich die Menschen sehr schnell. In nur vier Jahrtausenden wuchs ihre Zahl auf 86 Millionen. Die Lebensumstände verbesserten sich, und durch Ackerbau und Viehzucht gab es ein größeres Nahrungsangebot.

Doch die größte Bevölkerungsexplosion setzte erst vor 200 Jahren ein. Mit Hilfe der modernen Medizin war es gelungen, die Lebenserwartung des einzelnen fast zu verdoppeln. Der Mensch in der Jungsteinzeit erreichte höchstens ein Alter von 35 bis 40 Jahren. In den letzten 200 Jahren hingegen wurden die Menschen durchschnittlich 60, 70 und heute sogar fast 80 Jahre alt. Die Weltbevölkerung hat sich zwischen 1670 und 1970 nach Christus von 500 Millionen auf vier Milliarden erhöht. Und für das Jahr 2000 erwarten Bevölkerungsstatistiker annähernd sechs Milliarden Erdenbürger.

Gibt es heute noch Urstämme? Alle brüllen wild durcheinander. Halbnackt und mit bemalten Gesichtern hocken aufgeregte Menschen in einem Bambushüttendorf mitten im Urwald. Es sind Indianer, Ureinwohner Südamerikas. Einer von ihnen, ein muskulöser Mann mit einem Stirnband, springt auf, schwingt einen Holzknüppel über dem Kopf und stürmt auf die andere Seite des Runddorfes. Außer sich vor Wut schlägt er mit dem Prügel auf den Rücken eines Dorfbewohners ein, der friedlich dasitzt.

Nur wenige Komantschen in den USA (oben) konnten sich ihre ursprüngliche Lebensweise erhalten. Dagegen ziehen die Tuareg (unten) noch als Nomaden durch die Sahara.

Die Indianer werden immer aufgeregter, und bald ist eine ernsthafte Schlägerei im Gange. Die Männer rennen durcheinander, ohrfeigen sich gegenseitig und teilen Boxhiebe aus. Die Frauen kreischen vor Wut, und die Kinder spähen verängstigt hinter Hängematten oder Bambuspflöcken hervor.

Eine Viertelstunde später ist der ganze Spuk vorbei. Aus unersichtlichen Gründen hat sich der heftige Dorfstreit wieder gelegt. Die Frauen und Männer hocken ruhig vor ihren Hütten, als sei nichts geschehen.

Diese Szene beobachteten Kameraleute bei den *Yanonami-Indianern* im *Amazonasregenwald*. Sie hatten den Urstamm ohne dessen Wissen heimlich gefilmt. Als die Filmleute später die Indianer fragten, warum sie sich so gestritten hatten, bekamen sie zur Antwort: „Das waren Familienangelegenheiten."

Die Yanonamis leben heute fast noch so wie Steinzeitmenschen. Sie bewegen sich fast nackt im Urwald, kennen keine Schrift und ernähren sich vorwiegend von dem, was sie sammeln und jagen.

Es gibt solche Urstämme in vielen Gebieten der Welt. Die Aborigines in Australien, die zwergwüchsigen *Pygmäen* in Zentralafrika oder steinzeitliche Stämme auf *Papua-Neuguinea*. Man schätzt, daß noch an die 5000 solcher Urstämme auf der Welt leben. Dazu gehören auch *Apachen*- und *Komantschenstämme* in den USA, die *Maori* in Neuseeland, die *Massai* in Kenia, die *Buschmänner* in Südafrika oder die weniger bekannten *Himba* in Namibia, die *Inuit* in der Arktis oder die *Ponape* in der Südsee.

Solche Stämme geben uns immer noch einen entfernten Eindruck vom Leben in der Steinzeit. Trotzdem sind die heutigen „Primitiven" viel höher entwickelt als unsere Vorfahren, die Urmenschen. Alle

Die Baumaterialien
dieser afrikanischen
Rundhütten werden
schon seit Jahrhun-
derten verwendet:
Lehm, Dung, Gras,
Flechtwerk, Bambus
und Baumrinde.

Urstämme, die es heute noch gibt, gehören zum Menschentyp Homo sapiens sapiens. Sie stehen entwicklungsgeschichtlich auf einer viel höheren Stufe als etwa der Homo erectus oder die Neandertaler. Auch hatten mittlerweile alle Urstämme unserer Zeit Kontakt mit der zivilisierten Welt. Sie wissen, was ein Gewehr ist und was ein moderner Arzt vollbringen kann. Es ist eine große Aufgabe für alle „modernen" Menschen, sich für den Schutz ihres Lebensraumes einzusetzen.

Können Urstämme in unserer Welt überleben?

Die Yanonami wurden vor etwa 30 Jahren in Südamerika entdeckt. Seither haben sie eine erstaunliche Entwicklung durchgemacht. Erst waren es Wilde, ohne jeglichen Kontakt zur Außenwelt. Heute werben ihre Abgeordneten in Bra-

Über 50 000 Goldsucher sind in das Reservat der Yanonami in Brasilien eingedrungen.

silien für den Erhalt ihrer Lebensgrund-
lage, des Amazonasregenwalds. Sie entwickelten sich in wenigen Jahren von
Waldmenschen zu Politikern, die ihre In-
teressen auch in unserer komplizierten
Welt vorzutragen verstehen.

Und Fürsprecher brauchen sie. Denn
es steht schlecht um die Yanonami. Gold-
gräber, die in den Tiefen des Urwalds
nach Gold suchen, und Straßenbauarbei-
ter schleppten Krankheiten ein, gegen
die die Yanonami keine Abwehrkräfte
haben. Solche Leiden gab es bisher nicht
in ihrem Urwald, und so haben ihre Körper keinen Schutz dagegen entwickelt.
Grippe, Masern, *Malaria* und Durch-
fall haben den Stamm der Yanonami auf
17 000 Menschen zusammenschrumpfen
lassen. Und es ist zu befürchten, daß die
letzten von ihnen bald als Slumbewohner
in den Elendsvierteln brasilianischer
Großstädte enden werden, denn wenn
der Regenwald weiterhin so rücksichts-
los abgeholzt wird, werden diese Menschen bald kein Zuhause mehr haben.

Die Aborigines in Australien hingegen
haben sich dem heutigen Leben angepaßt. Viele von ihnen haben moderne Be-
rufe erlernt: Kraftfahrer, Viehhirte oder
auch Fremdenführer. Auch haben einige
studiert und sind Lehrer oder Wissenschaftler geworden. Und für die zwergwüchsigen Pygmäen in Zentralafrika besteht die berechtigte Hoffnung, daß die
Staaten *Zaire* und *Uganda* etwas zu ihrem
Schutz unternehmen. Nach Meinung der
Gesellschaft für bedrohte Völker erkennen
mehr und mehr Staaten auf der Welt das
Recht der Urstämme auf Lebensraum
und Selbstbestimmung an.

*Wird unsere Welt
nicht ärmer, wenn
alle Urvölker sich
dem modernen Le-
ben anpassen?*

Register